현직 유아 교사들이 알려주는 진짜 놀이

놀 궁리만 하는 교사들

유소진 · 김혜온 · 김미경 · 신민정

KNOWLEDGE COMMUNITY 공동체

| 일러두기 |

본 도서에 등장하는 유아의 이름은 모두 가명으로 표기되어 있습니다.

| 추천사 |

본 유아 교사들이 아이들과 함께 걸어온 소중한 시간이 한 권의 책으로 엮어지게 된 것을 매우 뜻깊게 생각합니다.

이 책에는 아이들과 함께한 놀이 이야기, 교사들의 교육적 고민과 성찰, 그리고 성장의 발자취가 따듯하게 담겨 있습니다. 단순한 기록을 넘어, 유아교육 현장의 생생한 모습과 그 안에서 빛나는 교사들의 헌신과 열정을 고스란히 전해 줍니다.

현장에서 얻은 교사들의 실천 경험과 노하우는 앞으로의 교육활동에 귀중한 길잡이가 될 것이며, 유아교육을 준비하는 이들에게도 큰 울림을 줄 것입니다. 또한 교사들이 서로 협력하며 성장해 온 과정은 교육공동체가 지향해야 할 가치가 무엇인지를 잘 보여줍니다.

이 책이 아이들과 함께하는 모든 순간의 소중함을 일깨우고, 유아교육 현장에 새로운 희망의 씨앗이 되기를 기원합니다.

단샘유치원 원장 **서금란**

『놀 궁리만 하는 교사들』은 유치원 현장에서 유아·놀이 중심 교육을 실천하고 있는 교사들의 경험을 기록한 글입니다. '7세 고시'에 이은 '5세 고시'나 '4세 고시'의 등장으로 학령 전 유아는 학습노동으로 내몰리고 있습니다. 완고한 능력주의가 드리워진 한국 사회에서 놀이를 통한 배움은 공허한 외침으로 들립니다. 하지만 이 책이 담고 있는 4명의 교사의 실천 경험은 놀이의 가치를 재발견하는 계기를 제공합니다. 이들은 예상과 벗어난 유아의 놀이 방향과 속도를 지켜보면서 느끼는 불안감도 솔직하게 고백합니다. 그럼에도 불구하고 놀이 중심 교육을 신념으로 하는 4명의 교사들은 유아와 함께 놀이하는 자의 역할을 기꺼이 수행하며 놀이와 배움이 역동적으로 교차하는 찰나의 의미를 이해하려는 시도를 보여줍니다. 놀이관찰자, 놀이지원자, 놀이협력자, 놀이옹호자로서 교사들은 유아의 놀이와 배움이 교실과 유치원 공동체로 확장되게 하는 디딤돌이 되어줄 것입니다.

영남대학교 사범대학 유아교육과 교수 **윤재희**

아이들의 시선에서 세상은 이해할 수 없는 사건으로 가득 차 있습니다. 그런 아이들에게 놀이는 세상을 이해하는 가장 핵심적인 방식입니다. 놀이가 세상을 새로운 코드로 재편한 상징 체계이기 때문입니다. 아이들은 누가 강요하지 않아도 스스로 놀이를 찾고 익히고 배우려 합니다. 아이들에게 놀이는 자신의 시선에서 세상을 이해하고 받아들이는 즐거운 배움이었던 것이지요.

그리고 여기, 이 가장 오래된 배움의 역사를 새롭게 발굴하고 다시 가꾸어 이어가려는 사람들의 이야기가 있습니다. 우리 아이들이 바다 생물로, 탐정으로, 아나운서로, 배우로, 우주인으로, 스카우트 대원으로 변해 새로운 세상의 이야기들을 느끼고 사고하며 경험하도록 도와준 사람들의 이야기입니다. 우리 아이들이 놀이라는 달콤한 샘을 마시며 성장해 나가는 이 이야기의 이면에는 단샘을 길어올린 선생님들의 오랜 고민과 노력의 자국이 선명합니다. 가죽도 날개도 발톱도 없이 약하디 약하게만 태어난 인간들에게 기꺼이 배움과 불을 던져준 프로메테우스와 같이, 즐거운 배움의 불씨를 되살린 선생님들의 숭고한 의지가 이 이야기들 안에 그득합니다.

이 무구하고 신성한 놀이로 자라날 우리 아이들과 그 아이들이 살아갈 세상을 찬찬히 그려봅니다. 저마다의 별과 꽃과 숲과 빛과 꿈으로 고유하게 여물어 간 아이들이 오늘의 자신을 있게 한 배움의 시원(始原)을 떠올리는 모습도 함께 그려봅니다. 아마 그때의 아이들은 이 달디단 샘을 오래도록 기쁘게 그리워할 것 같습니다.

단샘유치원 재원생 학부모 **오수엽**

| 프롤로그 |

김혜온

바람결에 20년을 교육 현장에서 유아와 함께 보냈다. 그 바람을 타고 어느덧 경력 교사가 되었다. 20년이면 어느 분야에서건 전문가라 불릴 만한 짧지 않은 시간이다.

고백하자면 20년 전의 나는 유아 교사가 될 줄은 꿈에도 몰랐다. 대학에서 인문학을 전공하고 중등교사 임용시험 준비를 했었다. 하지만 전공과목의 특성상 교원 임용 인원을 너무 적게 뽑아 고민하던 중 복수 전공으로 선택했던 유아교육 임용시험에 응시했고 합격했다. 기쁨을 채 만끽하기도 전에 발령이 나고 새내기 선생님이 되었다.

뭘 해야 하지?

경상북도 상주시, 시골의 어느 작은 초등학교병설유치원 분교로 발령받아 3명의 유아와 교직 생활을 시작하였다.

유아의 놀이와 교수 방법을 머리로는 알고 있었지만, 막상 현장에 와보니 놀이 지원 방법부터 무엇을 어떻게 가르쳐야 할지 머릿속이 새하얗게 변했다. 넓고 넓은 교실과 운동장에 함께 놀이할 친구는 선생님 포함 4명이 전부.

그 시절 방과후과정 교사도 없이 오후 3시까지 아이들과 함께 시간을 보내기 위해 바깥놀이를 참 많이도 했다. 4명이 단짝이 되어 동네 논, 밭, 산으로 들로 돌아다녔고 운동장 한쪽의 커다란 고목 아래 그림책을 가득 쌓아 두고 무한 반복 읽고 듣고 웃었다. 운동장에 나란히 누워 하염없이 흘러가는 구름을 바라보며 시간을 때웠다(?). 어느 날은 멀쩡한 자전거를 해체한 다음 다시 조립하며 우리 손으로 재탄생한 자전거 만들기에 몰입하기도 했다. 돌이켜보면 시간과 공간의 제약을 두지 않고 유아의 놀이를 따라가며 보냈던 그때 그 시간이 유아·놀이 중심 교육의 소중한 자양분이었다. 하지만 여느 유아 교사처럼 체계적인 활동으로 알뜰살뜰 수업을 해나가지 못한다는 자책과 적성에 맞지 않는다는 생각에 초등학교병설유치원에서의 교직 생활 2년 후 유치원을 그만둘 결심을 하였다.

선택의 순간!

2년간의 교직 생활 후 이직을 계획하던 시점, 지역의 첫 단설유치원이 개원하였다. 초등학교병설유치원과는 달리 유아 교사만 모여 있는 기관! 수업과 유아의 놀이를 함께 고민하고 나눌 수 있는 공동체가 있는 곳. 단설유치원으로 내신을 내고 그곳에서 유아 교사로 1년만 더 살아보고 결정하자며 스스로를 다독이며 약속했다.

같은 방향을 바라보는 교육공동체

단설유치원에는 본받고 싶은 선배, 열정적인 선생님들이 있었다. 혼란의 도가니 같은 교실에서도 선배 선생님은 유아와 함께 웃고 놀았다. 비법 약이라도 있는지 아이들과 선생님은 모두 한마음이 되어 놀이와 이야기에 몰입했다. 나도 그들처럼 되고 싶었다. 어떤 날은 늦은 밤까지 수업 준비를 하고, 또 어느 날은 행사 준비 하나로 결론도 나지 않는 협의회를 하루 종일 할 때도 있었지만 함께하는 공동체가 있어 마음이 든든했다. 수업이나 담당 업무가 막막할 때마다 의논하고 하소연을 털어놓을 수 있어서 감사했다. 무엇보다 언제나 "그래도 괜찮다"라고 말해주는 선배 선생님 덕분에 유치원을 그만두지 않고 참한(?) 유아 교사로 자랄 수 있었다.

함께하는 공동체 안에서의 지지는 교사로서 전문적 교수·학습 방법뿐만 아니라 유아교육의 중요성과 의미를 느끼게 해주었다. 공동체의 일원으로서 가치 있는 일에 기여하고 있다는 보람과 성장의 동력이 되었다.

시간이 흘러 이번에는 선배 교사가 되어 새로 개원한 단샘유치원으로 전입하였다. 2021년 단샘유치원 개원 후 지금까지 5년을 함께한 후배 교사들에게 나도 든든한 선배가 되고 싶었다. 어떤 시도도 할 수 있고 선생님도 자라나는 것이라는 걸 알려주고 싶었다. 그렇게 우리는 5년 동안 함께 성장했고 유아의 놀이는 깊어졌다.

이 책은 그동안 유아의 놀이와 더불어 성장한 교사들의 이야기로 가장 먼저 나에게 주는 따뜻한 추억이자 선물이다. 다음으로 교육공동체(때론 티격태격하고 여전히 의견이 분분할 때도 많지만)인 우리의 이야기다. 유아 교사로서 방황하고 시행착오를 겪고 있는 선생님들에게 등불 같은 희망이 되었으면 하는 바람으로 정신없는 일과 가운데서도 틈틈이 엮은 글이다. 마지막으로 자녀 교육에 관심이 많은 학부모, 유아 교사는 유아를 좋아해야만 할 수 있다고 생각하는 보통의 사람들이 유아교육의 본질과 놀이의 의미를 다시금 생각해 보길 바라는 기대를 담아 쓴 가감 없는 현장의 이야기이다.

김미경

10년 전 '선생님'으로서 5세 28명의 아이 앞에 앉아 긴장되는 자기 소개를 했던 어리바리한 나의 첫 순간이 생생하다. 스스로를 준비된 교사라고 생각했다. 하지만 초임 교사가 할 수 있는 실수는 하나도 빼지 않고 했다. 그 당시 짝꿍 선생님이셨던 선배 선생님은 수업, 상담, 업무 등 뭐든 해내는 다재다능한 유아 교사의 모습 그 자체였다. 쭈뼛쭈뼛한 나에게 항상 "김 선생님~ 아이들하고 해보고 싶었던 수업을 마음껏 해봐요. 아이들의 입장을 잘 생각해 보면서 활동해 보면 어때요?", "목표하는 바를 잘게 잘라서 하나씩 하나씩 아이들하고 해봐요.", "아이들도 교사의 진심을 느껴요. 잘못된 행동을 하면 먼저 아이의 마음을 읽어봐요.", "아이들과 마음 급하게 무언가를 하다 보면 놓치는게 생겨요. 항상 여유 있게 시간을 계획해 봐요."라고 조언을 아끼지 않으셨다. 그때마다 '10년 뒤쯤이면 나도 선배 선생님처럼 능숙한 선생님이 될 수 있겠지?' 하며 자신을 다독였다. 시간이 흐른 지금, 여전히 고민 많고 실수하며 공부할 게 많은 10년 차이다.

나의 인복에 감사하며!

교직 생활을 하며 만난 사랑스러운 아이들, 다정했던 보호자들 한 분 한분이 감사하다. 뜻밖의 장소에서 만나면 그렇게 반가울 수 없다. 그 해에 함께 했던 새미있는 일화들이 떠올라 혼자 추어에 잠긴다. 수년이 흘러도 그들의 이름과 인상 깊었던 장면은 영화처럼 기억난다. 그리고 그 이상으로 특별한 존재들이 또 있다. 바로 동료 선생님들, 원장선생님, 원감선생님이다. 그 소중한 인연들과 나눈 시간과 이야기들, 고민과 걱정이 나의 일부분이 되어 지금의 내가 있다. 선배 선생님들은 훌륭한 지혜를 공유해 주시고, 동료와 후배 선생님들은 내가 거쳐온 온갖 실수와 경험을 공유하고 서로에게 위로와 반성을 하며 이끌어준다. 그래서 힘든 일이 생겨도, 교직이 벅찰 때도 서로가 서로의 버팀목이 되어준다. 나도 내 동료들처럼 또 다른 동료들에게 마음을 나누고 소통하는 따뜻한 버팀목이 되어주고 싶다.

나의 색을 찾을 수 있는 기회

늘 스스로에게 질문을 던진다. 그 질문은 어떤 순간에는 내 생각을 더욱 단단히 다져주고, 또 어떤 순간에는 서서히 답을 찾아가며 나만의 신념으로 자리 잡았다. 그렇게 생긴 여러 신념은 다행히도 교직 생활에서 크고 작은 선택을 할 때마다 든든한 나침반이 되어주었다.

지금은 단샘유치원에서 만난 선배, 후배 교사와 함께 의논하고 이야기 나누며 나만의 색을 찾아가고 있다. 각자의 스타일을 존중하는 분위기 속에서 많은 변화가 생겼고, 나의 신념을 지킬 수 있었던 것은 지금 함께하는 동료들 덕분이다. 단샘유치원 개원 준비부터 함께하며 울고 웃고, 다양한 놀이를 시도하고 문제를 해결해 나가는 과정을 통해 우리는 '교사로서의 삶'뿐만 아니라 유치원을 벗어난 '개인의 삶'까지도 응원해 왔다. 단설유치원에서 개원 멤버 모두가 한마음으로 목표를 향해 함께 달려온 경험은 흔치 않은 소중한 기회였다. 그 흔치 않은 기회를 함께 달려온 이들과의 시간을 마음 깊이 간직하고 있다. 그래서일까. 그들이 내게 더욱 특별하게 느껴진다. 언젠가 다시 만날 날을 기약하며, 앞으로의 성장을 다짐하고자 우리들의 이야기를 이렇게 정리해 두고 싶었다.

유소진

주어진 것을 그저 열심히 했다. 융통성 없이 원리 원칙대로 수업했던 나는, 내가 배운 이 교육을 마음껏 펼치고 싶었다. '어디서 나의 교육을 마음껏 펼칠 수 있을까?' 하는 고민 끝에 공립유치원으로 향했다.

내가 이 길을 가도 될까? 그런데 쉽지 않다

교육 실습 당시 차분히 나의 수업을 지지해 주시고, 하나씩 알려주시는 선생님을 만났다. 수업 시간이 끝나면 유아를 관찰한 것을 듣고 그에 대해 의견을 나눠주신 선생님 덕분에 실습을 의미 있게 마칠 수 있었다. 나도 그 선생님처럼 멋진 선생님이 되고 싶었다.

어떤 이는 한 번에 척척 잘 붙는 임용고시가 너무나도 힘들었다. 노력이 부족했던 때도 있었고 소위 말하는 멘탈이 흔들려 시험을 무난히 마치기 어려웠던 때도 있었다. 어느 때보다 절박했던 시간. 흔들릴 때 같이 공부해서 먼저 붙은 친구가 말했다. "네가 지금 기다리면서 쌓이는 시간 속에 생기는 간절함이 네게 도움이 될 날이 올 거야." 친구의 따듯한 말에 고맙고, 그런 친구가 있음에 감사하면서도 '과연 그런 날이 올까?' 의문을 가지는 날들이 이어졌다. 길고도 긴 터널 끝을 빠져나온 나는 단설유치원의 개원 멤버로 발령을 받았다.

시작은 각종 상자 뜯기부터

오랜 시간의 기다림을 안고 온 유치원에서 반기는 것은 아무것도 없는 교실 속 상자 더미였다. 실습할 때 정돈되어 있던 장난감과 교구장은 거기에 없었다. 첫 출근한 신규 교사가 만날 것이라고는 상상도 못 했던 풍경이었다. 교구장까지 상자에 포장되어 오는 것일 줄이야. 상자 뜯기부터 정리까지 계속되는 교실 정비를 위한 육체노동 끝에 드디어 입학식! 아이들을 만나면 행복하리라 생각했던 것은 착각이었다. 다치진 않을까, 밥은 왜 안 먹을까 각종 걱정이 꼬리에 꼬리를 물었다. 처음 해보는 업무는 어렵기만 했다. 서툴고 무지했기에 신규 교사의 하루하루는 버겁기만 했다.

시간만큼 쌓인 행복한 순간들

시간은 순식간에 흘렀다. 언제 좌절했냐는 듯 내 마음속에는 아이들과 함께하여 따듯한 순간들이 가득하다. "선생님은 뭐 하는 사람이야?"라는 외부 강사의 말에 한 치의 주저함도 없이 "우리랑 같이 노는 사람"이라고 답했던 유아의 목소리, 크고 작은 문제를 해결하기 위해 빛나는 유아의 생각들, 우리 선생님은 내 상상을 놀이로 만들어줄 것이라는 믿음 가득한 눈빛은 오랜 시간이 지나도 잊기 힘들 것이다. 지금 나의 가슴이 이렇게 따듯할 수 있는 것은 저경력 교사의 좁은 시야를 열어주는 선배 선생님과 함께 고민을 나누었던 동기 선생님이 곁에 있기 때문이다.

함께하기에 성장한다

5년이란 시간 동안 나의 곁에는 교직에서 쌓은 경험을 기꺼이 나눠주는 선배 교사와 함께 손잡고 걸어주는 멋진 동기들이 있었다. 그들 덕분에 많은 것을 배우고 성장한 교사가 되었다. 혼자서도 성장했겠지만, 함께 했기에 더 멋지게 성장했다고 믿는다. 내가 선생님들의 이야기를 발판 삼아 성장했던 것처럼 나의 이야기도 누군가에게는 성장의 씨앗이 될 수도 있지 않을까? 짧지만 파란만장했던 유치원 개원 후 5년 동안의 '나와 우리의 이야기'를 조금은 설레는 마음으로 하나씩 담아보았다.

신민정

어릴 적부터 유독 어린아이들이 예쁘고 사랑스러웠다. 처음엔 낯을 가리다가도 톡 하고 마음을 열며 웃어줄 때의 그 기쁨이란! 아이들과의 만남은 어쩌면 운명이었는지도 모른다. 대학 입시 과정에서 방향을 틀어 사범대학 유아교육과에 진학했고, 천사 같은 동기들과 사랑스러운 아이들 덕분에 이 길을 걸어가야겠다는 결심을 하게 되었다. 그 결과, 4학년 때 재학생 신분으로 유아 임용에 합격하였고, 2021년 신설된 단샘유치원에 발령받아 '공주 선생님'으로 근무 중이다.

설레는 첫걸음

임용에 합격했으니 교사로서 필요한 덕목을 모두 갖췄다고 생각했다. 하지만 그것은 큰 착각이었다.

새 학기 첫날, 교실에 들어섰던 순간이 아직도 생생하다. 아이들과 인사를 나누고 미리 준비한 놀이를 마치고 보니 30분이 흘러 있었다. '이제 남은 3시간 30분 동안 뭘 해야 하지?' 막막함이 밀려왔다.

어떤 날은 학부모에게 상담 요청 전화를 받았다. '무슨 일일까?' 상담 주제조차 짐작이 가지 않아 긴장되었다. 그뿐만 아니라 행사가 있을 때마다 역할을 나누어 함께 준비하는 일, 대학 교수님보다 연세가 많은 선배 교사와의 소통 등 지금 생각하면 사소한 일조차 그땐 어렵고 당황스러웠다. 분명 자신 있었던 내가 현장에서는 몸으로 부딪치며 배워야 할 것이 너무 많다는 걸 알게 됐다.

그때 비로소, 긴 교직 생활에서 첫발을 내디딘 '새내기 교사'임을 실감했다.

"공주 선생님~"

복도를 걷다 보면 3세 반 교실 앞은 그냥 지나칠 수 없다. "꿈다락반 선생님~!" 하고 부르는 아이들 목소리에 한때 "선생님은 공주 선생님이야~" 하고 장난삼아 대답했던 기억이 남았는지, 5세가 된 지금도 내 이름처럼 '공주 선생님'이라 불러준다. 이렇듯 아무리 힘든 일이 있어도 나를 다시 웃게 하는 건 언제나 아이들이었다. 보기만 해도 사랑스러운 아이들을 보며 늘 고민했다.

어떻게 하면 더 재미있는 놀이를 지원할 수 있을까?
어떤 발문을 던져야 아이들의 성장을 이끌 수 있을까?
가정에서는 어떤 모습으로 지내고 있을까?

유아에 대한 궁금증은 꼬리에 꼬리를 물었고, 답을 찾는 과정에서 점점 더 유아를 이해하고 사랑으로 대하는 교사로 자라나고 있었다.

다음 걸음을 내디딜 때

사랑스러운 아이들, 기쁨과 어려움을 함께 나눈 동기 선생님들, 그리고 새내기 교사는 절대 알 수 없는 통찰과 지혜로 이끌어주신 선배 선생님들 덕분에 단샘유치원에서 5년을 근무할 수 있었다.

첫 발령지에서 만기 근무를 채웠다는 뿌듯함도 크지만, 무엇보다 최고의 동료 교사들과 더 이상 함께할 수 없다는 아쉬움이 마음 한편을 채운다. 아쉬움을 뒤로하고, 내가 진정한 교사로 성장하는 데 큰 힘이 되어준 단샘유치원에서의 경험을 담아 '진짜 유치원 이야기'를 쓰게 되었다.

이 책이 나에게는 소중한 추억이자 감사의 기록이 되고, 신규 교사에게는 용기를, 예비 학부모에게는 유아교육에 대한 신뢰를, 그리고 다른 독자들에게는 마음 한편에 따뜻함을 전할 수 있기를 바란다.

차 례

2부

놀 궁리만 하는 교사들의 교실 속 이야기

1부

좌충우돌 유치원에서 놀 궁리 하기

1장 • 유치원에서 수업이란?

2장 • 교실 안에서도 밖에서도 놀 궁리

놀이는 '세상과 만나고 배우는 아이들의 방식'
즐겁고 배움이 있는 놀이를 위해 우리는 관찰하고,
또 관찰하고 연구했다.

1장

유치원에서 수업이란?

놀이를 이끄는 유아

입시 경쟁의 시작점이 되어버린 유치원

대학 입시 경쟁이 과열된 현 상황에서 입시 경쟁은 중·고등만의 문제가 아니게 되었다. 명문대를 가기 위해 명문고에 입학하고, 명문고에 입학하기 위해 명문중을 입학하고, 명문중에 입학하기 위해 명문초를 가고, 명문초를 가기 위한 입시 경쟁이 유치원까지 내려와 4세 고시, 7세 고시를 준비하는 아이들이 많아졌다. 영어 유치원(영어 학원)이라 불리는 곳에서는 중학생도 맞히기 어려운 단어가 빼곡히 적힌 영어 단어장을 유아들에게 외우게 한다. 레벨 테스트에 통과하기 위해 열심히 공부한 아이들이 또래보다 더욱 높은 인지능력과 집중력, 수행 능력을 보일까? 단기적으로 봤을 땐 어려운 영어단이도 척척 외우고, 영어 듣기도 잘하고, 아는 것도 많아 보여 더 똑똑한 것 같지만 장기적으로 봤을 땐 아니다. 잘 노는 아이가 무엇이든 잘한다.

생애 가장 중요하다는 발달의 결정적 시기, 유아기. 사랑스러운 자녀가 3세가 되면 부모들은 고민하기 시작한다. '지금 잘 다니고 있는 어린이집을 계속 보낼까? 옆집 아이는 유치원에 간다고 하던데. 유치원에 보내야 하나? 유치원이면 그래도 뭔가 다르지 않을까? 공립유치원은 너무 놀기만 해서 한글·수 교육이 안 된다던데… 요즘 영어는 필순데 영어 유치원(학원)에 보내는 게 나을까?' 무궁무진한 걱정과 고민. 정답은 없다. 내 아이의 특성과 부모의 교육관을 고려하여 기관에 보내면 된다. 옆집 아이에겐 너무 잘 맞는 학습식 기관이 내 아이에겐 독이 될 수 있고, 아랫집 아이에게 잘 맞는 숲 유치원에선 '내 아이만 초등학교에 가서 뒤처지진 않을까?' 하는 걱정 때문에 학부모가 조급함을 느낄 수 있다.

그렇다면 기관을 고를 때 어떤 점을 고려해야 할까? 내 아이의 특성과 유아기 발달에 대한 이해가 필요하다. 온갖 육아 서적과 미디어에서 하는 이야기를 들어보면 다양하지만 전달하는 메시지는 생각보다 간단하다.

"유아는 놀이를 통해 세상을 배운다. 유아기엔 학습이 아닌 놀이를 해야 한다." 이런 이야기를 들으면 놀이를 많이 하는 유치원에 보내야 할 것 같은 생각이 든다. 말은 쉽고, 듣기에도 그럴싸하지만, 막상 내 자녀의 문제라고 생각해 보면 고민이 되기 시작한다. 이 중요한 시기에 그저 놀기만 하는 유치원에 마음 놓고 보낼 수 있을까?

피아제의 인지발달 이론에 따르면 2~7세는 전조작기에 해당하며, 이 시기 유아들은 자기중심적인 특성이 강해 타인의 이야기에 오랫동안 집중하기 어렵고, 스스로 물체를 조작하면서 경험을 쌓고 지식을 구성한다. '학습'을 위해서 교실에 앉혀두고 전달식 수업을 하는 것이 이론적으로 가장 효율적인 교수 방법이겠으나 발달 특성상 유아들에게 강의식 교수 방법을 적용하기 어렵다. 유아기는 생애 발달의 결정적 시기라고 말할 만큼 다방면으로 전인 발달이 이루어지므로, 일방적으로 지식을 주입하는 것보다 평생 사용할 뇌 용량을 키워줄 수 있는 기회를 제공하는 것이 적절하다. 집중력이 어른과 비교하면 훨씬 짧고, 자기 신체를 활용하여 오감으로 세상을 배워나가는 아이들이 배움을 얻기에 가장 적절한 방식이 '놀이'인 것이다. 아이들의 놀이가 마음껏 펼쳐지는 곳이 바로 유치원이다.

놀기만 하면 된다는 착각

아이들이 노는 동안 교사는? 아주 바쁘다. 교사는 학급에서 유아들의 개별 특성을 파악하고 놀이하는 모습을 관찰하며 발달 상황을 확인한다. 누구와 노는지(교우관계), 무슨 놀이를 하면서 어떤 배움을 얻는지(발달 상황), 생활하면서 어떻게 지내는지(성격 및 기질) 등 전반적인 유아의 모습을 관찰하고 이를 토대로 수업을 계획한다. 교실 속의 각기 다른 놀이를 하나로 잇고 그 속에서 교육적 의미를 찾아 유아가 성장할 수 있도록 지원하는 것이다. 좀 전까지만 해도 즐겁게 놀던 아이들이 갈등이 생겨 얼굴을 찌푸리고 있으면 적절히 중재하며 갈등을 긍정적으로 해결할 수 있도록 돕고, 아이들이 하던 놀이가 시들해진 것 같으면 새로운 놀이 아이디어를 제공하여 놀이가 확장되도록 하기도 하며, 교사의 도움이 필요하여 "선생님~" 하고 달려오는 아이에게 적절히 도움도 주어야 한다. 밖에서 봤을 때 유치원 교실은 아주 평화로운 것 같지만, 사실 전문성을 갖춘 교사가 지도하고 지원하기에 그렇게 보일 수 있는 것이다.

유치원에서 수업은 어떻게 이루어질까? 강의식 수업은 발달 특성상 맞지 않아 교과서도 없는데 대체 어떤 수업을 한단 말인가? 유치원에서 수업인 놀이, 그 놀이에 대해 이해하기 위해서는 유치원 교육과정에 대해 살펴볼 필요가 있다.

유치원 교육과정은 국가 수준 교육과정인 '2019 개정 누리과정'으로 신체운동·건강, 의사소통, 사회관계, 예술경험, 자연탐구의 5개 영역으로 나뉜다. 추구하는 인간상으로 건강한 사람, 자주적인 사람, 창의적인 사람, 감성이 풍부한 사람, 더불어 사는 사람을 명시하였으며, 이는 초등 교육과정과도 연계되는 내용이다. 유아는 놀이를 통해 5개 영역을 통합적으로 경험할 수 있다. 글자 놀이라고 해서 의사소통 영역만 경험하는 것이 아니고, 달리기 놀이라고 해서 신체운동·건강 영역만 경험하는 것이 아니다. 다음 사례를 살펴보자.

> 우리 반 아이들의 놀이를 살펴보니 비행기 접기에 푹 빠져있다. 교사는 아이들이 종이접기 놀이를 실컷 즐길 수 있도록 재료를 지원하고 충분한 시간을 허용하며 다양한 모형의 비행기를 만들 수 있도록 한다. 여러 가지 재질의 종이와 꾸밀 수 있는 재료를 제공하면 아이들은 어떤 종이로 접고 어떻게 날려야 잘 날아가는지 여러 번 시도 끝에 스스로 깨닫게 된다. 여기서 끝이 아니다. 단순히 종이접기에서 비행기 날리기 시합으로 연결하여 친구들과 함께 비행기 시합을 하고 경기 결과를 직접 적도록 지원하며 그래프 만드는 법을 알게 된다. 나아가 공중에 훌라후프를 달고 비행기가 정해진 구간을 비행하도록 할 수도 있고, 유아의 관심에 따라 비행기를 타는 놀이, 또는 그동안 만든 비행기를 전시하는 비행기 박물관 놀이로 확장할 수도 있다.

위 사례를 보면 하나의 놀이에서 신체운동·건강, 의사소통, 사회관계, 예술경험, 자연탐구의 5개 영역이 단절된 것이 아니라 통합적으로 연계된다는 점을 알 수 있다. 즉, 유치원 교육과정이란 유아의 흥미와 관심, 교사의 지원에 따라 각양각색의 놀이가 생기고 그 속에서 유아들이 다양한 배움을 얻고 성장하는 것이다.

유치원의 꽃은 놀이

교육과정 시간은 '2019 개정 누리과정'에서 4~5시간으로 편성하게 되어 있어 오전 8시 30분부터 일과를 시작한다면 늦어도 오후 1시 30분에는 교육과정 시간이 끝난다. 교육과정 시간에는 주로 놀이, 체험학습, 안전교육 등이 이루어진다. 점심을 먹고 방과후과정으로 이어진다. 방과후과정 시간에도 교육과정과 동일하게 놀이를 하며 특성화 활동을 하고 간식을 먹고 하원을 한다. 유아·놀이 중심 교육과정으로 운영하므로 놀이와 다양한 체험활동, 특성화 활동을 고루 분배하여 일과를 운영한다.

유치원은 기관마다 교육철학이 다르므로 기관을 선택할 때 이 부분을 유심히 살펴보아야 한다. A유치원은 놀이의 중요성을 강조하고, B유치원은 유아기 다양한 체험활동의 중요성을 강조하고, C유치원은 매일 다른 특성화 활동을 한다며 홍보한다. 어떤 유치원이 가장 좋은 곳일까? 정답은 아까 말한 것과 같이 내 아이에게 잘 맞고, 유아기 발달 특성에 적합한 교육을 하는 유치원이다.

유아 모집을 앞둔 10월쯤 되면 유치원으로 종종 이런 전화가 걸려온다. "단샘유치원은 특성화 활동 시간에 어떤 걸 하나요? 영어는 일주일에 한 번만 하나요? 한글 교육은 따로 안 하나요?" 학부모들은 유치원에서 얼마나 다양한 특성화 활동을 하는지에 관심이 많고, 실제로 특성화 활동이 유아 모집에 큰 영향을 미친다. 영어, 발레, 코딩, 골프, 승마, 바이올린, 수영 등 이름만 들어도 휘황찬란한 활동에 입이 떡 벌어지는 것이다. 학부모 관점에서 이해해 보자면 한편으론 교육과정이 같으니, 놀이는 어디서나 비슷하리라 생각하여 그 외의 것으로 판단을 할 수 있겠다는 생각이 든다. 하지만 같은 국가 수준의 교육과정을 운영한다고 해서 수업마저 같은 것은 아니다.

유아 교사로선 유치원을 결정할 때 영향을 미치는 요인이 놀이가 아닌 다른 요소라는 것이 너무나도 아쉽다. '내 아이가 다양한 경험을 해보았으면…' 하는 학부모의 마음을 충분히 이해한다. 이미 대부분 유치원에서는 학부모의 요구에 따라 다양한 체험학습과 특성화 활동을 준비하고 이를 대대적으로 홍보한다. 학부모의 요구는 그렇지만, 어쨌든 유아교육의 꽃, 핵심은 놀이다. 내 아이가 지금 영어를 얼마나 잘하는지, 디지털 기기를 능숙하게 다루는지가 중요한 게 아니다. 사랑스러운 내 아이가 친구들과 어떤 놀이를 하고 그 속에서 어떤 배움을 얻는지가 중요하다. 유아기는 다양한 지식과 기술을 채우는 시기가 아니라 앞으로 이 세상을 살아가기 위한 토대를 쌓을 수 있게 경험을 하고, 그 속에서 작은 성공을 여러 번 하면서 자존감을 형성하고 스스로 해보고자 하는 자발성을 길러주어야 하는 시기다. 이러한 경험은 영어, 코딩, 골프 수업이 아닌 선생님, 친구와 상호작용하며 놀이를 충분히 할 때 길러진다는 점을 명심해야 한다.

씨앗이 하루아침에 열매를 맺지 않는 것처럼 아이들도 하루아침에 성장하지 않는다. 그저 놀기만 하는 것 같지만 그 과정을 살펴보면, 유아가 접하는 모든 것이 배움이고 그 속엔 성장과 발달을 이끄는 선생님이 있다. 아이가 주도적으로 놀면서 자기만의 속도에 맞추어 성장하고 있다는 점을 부모가 충분히 이해한다면 우리 아이에게 맞는 기관을 선택하는 것이 훨씬 수월해진다.

유아가 만들어가는 놀이의 중요성

교실에서 아이들이 생활하는 모습을 보면 흥미로운 상황이 아주 많다. 바로 옆에 가위를 두고 "선생님 가위가 없어졌어요."라며 도움을 요청하기도 하고, 색종이로 어렵게 접은 팽이를 친구가 접어 달라고 하자 "어떻게 접는지 까먹어 버렸다."라며 서툰 핑계를 대기도 하고, 몇 번이나 이야기한 것을 금방 잊어버리고 "선생님 뭐라고요? 다시 말해주세요!"라며 당당하게 요구하기도 한다. 실수할 때마다 선생님이, 또는 부모가 척척 나서주어야 할까? 아이들이 실수할 때마다 척척 나서준다면 아이들은 새로운 시도를 꺼리고 더욱 의존적으로 변한다. 아이들이 실패하더라도 한 번 더 시도하고 새로운 방식으로 도전할 수 있도록 어른들이 한 발짝 뒤에 서서 아낌없이 응원과 격려를 해주어야 한다. 그러다 보면 어느 날 주도적으로 놀이를 이끌어가는 우리 아이들의 모습을 볼 수 있다.

'놀이'라는 개념을 떠올려보자. 언제나, 어디서나 우리 아이들이 늘 하는 것이다. 집에서 인형으로 역할놀이를 하고, 모래 놀이터에서 소꿉놀이를 하고, 밖에선 신나게 뛰어논다. 놀기야 잘 노는데 유아 주도, 경험 중심 놀이란 대체 무엇인가? 유아 주도, 경험 중심 놀이란 말 그대로 유아가 주도적으로 이끌어가고, 유아가 겪은 경험을 토대로, 또는 또래의 경험을 공유하며 만들어가는 놀이를 말한다.

사례 1

"얘들아! 이제 우리 교실에 워터파크를 만들 거야."

"선생님 저는 맛있는 음식을 파는 매점도 만들래요."

"여기는 워터파크라서 수영만 할 수 있는데? 수영장을 만들어야지."

"그러면 수영장에 미끄럼틀 만들어도 돼요?"

사례 2

"얘들아! 오늘은 워터파크 놀이를 하기로 했지? 워터파크엔 어떤 공간이 필요할까?"

"수영장이요! 미끄럼틀도 있어요!"

"선생님 저는 맛있는 음식을 파는 매점도 만들래요."

"물놀이하다가 배고프면 매점 가서 음식 사 먹으면 정말 좋겠다~"

"선생님! 저는 물놀이하다 추우면 들어갈 수 있게 찜질방도 만들고 싶어요."

"멋진 생각이 많네. 너희가 이야기한 대로 워터파크를 만들어볼까?"

위 사례를 보았을 때 무엇이 유아 주도 놀이로 보이는가? 〈사례 1〉을 살펴보면 유아가 주도하는 상황이 아닌, 교사가 이끌어가는 교사 주도의 놀이로 보인다. 자신이 원하는 놀이가 아니라 선생님, 또는 가족이 이끌어가는 놀이를 매일 해야 한다고 생각해 보라. 재미가 있을까? 놀이 속에서 주도성이 길러질까? 교사나 부모가 놀이 속에서 너무 많은 제안을 하면 유아는 새로운 행동을 하기 전에 주저하고 허락을 구하게 된다. 이는 유아 주도 놀이가 아니다.

〈사례 2〉는 유아 주도 놀이의 예시다. 유아들의 상상력 넘치는 놀이 아이디어에 교사가 긍정적인 반응을 보이자 다른 아이들도 상상의 나래를 펼치며 자신감 있게 생각을 나눈다. 자신의 의견이 수용되고, 자기가 말한 걸 친구와 함께 만들기로 약속하면서 놀이가 시작되는 것이다.

경험 중심 놀이도 단어를 보면 바로 이해가 된다. 유아가 경험한 모든 것이 놀이에 나타난다. 유아의 놀이를 자세히 들여다보면 유아의 생활, 나아가 삶이 보인다. 가족끼리 캠핑을 한 경험, 부모님과 이야기 나눈 경험, 맛있는 음식을 먹은 경험, 친구와 나눈 이야기 등 아이들이 직접 보고, 듣고, 느낀 모든 것이 놀이에 드러난다. 아이들은 스펀지처럼 아주 빠르게 주변 환경과 경험을 흡수하고 배우기 때문에 유아기에 다양한 경험을 하는 것이 중요하다.

월요일 5세 꿈다락반. 주말에 가족과 즐겁게 지내다 온 유아들이 친구들과 모여 앉아 놀이를 시작한다. 친구들이 노는 모습이 재미있어 보이는 선웅. 친구들에게 다가가서 이야기한다.

"얘들아 나도 같이 놀자."
"우리 지금 집 만드는 놀이 하고 있어. 들어와."
"그래. 여기도 만들고. 여기 마당에는 모닥불도 만들자."
"어? 나 저번에 캠핑 가서 모닥불 앞에 앉았어. 내가 만드는 거 도와줄게."
"나는 저번에 모닥불 앞에서 마시멜로 구워 먹었어."
"그럼 우리 마시멜로도 구워 먹는다고 하자."

위 에피소드와 같이, 놀이 과정에서 유아들의 경험이 더해지면 놀이가 확장된다. 직접 경험한 것을 소재로 놀이를 펼치다 보니 더욱 주도적으로 놀 수 있다. 유아의 삶이 놀이와 분리된 것이 아닌 연결된 것이고, 놀이가 유아의 삶 그 자체이기 때문에 아이들이 지겨워하지 않고 매일 재미있게 놀 수 있는 것이다.

그렇다면 놀잇감이 풍부하고 놀이 시간이 넉넉히 제공되며 함께 놀 친구들과 언제나 교육적 지원을 아낌없이 제공하는 선생님도 있는, 놀이하기에 최적인 환경에서 유아는 어떻게 성장할까?

의사소통능력 신장

놀이에 참여하면서 가장 중요한 점은 유아의 '의사소통능력'이다. 친구들과 함께 놀이를 하기 위해서는 친구의 의견을 경청하고 내 생각을 조리 있게 말해야 한다. 의외로 어린이들의 세계는 냉정해서 A, B 중 재미없는 것은 단번에 잘라낸다. 자신의 의견이 배제되면 아이들이 슬퍼할까? 아이들은 생각보다 강하다. 바로 수긍하고 더 재미있는 요소를 만들어서 A′ 의견을 제시한다. A′ 의견이 B 의견보다 더 재미있다고 느끼면 바로 수용한다.

아이들이 식당 놀이를 하려고 한다. 책상 여러 개를 붙여 식탁을 만들고 무슨 메뉴를 만들지 협의한다.

"우리 맛있는 음료수 만드는 카페라고 하자."
"나는 과일 가게 하고 싶은데…"
"그럼 과일을 넣어서 음료수를 만드는 카페라고 하면 되잖아."
"오 좋아~ 여기 과일 가져올게."

"현아야 우리는 메뉴판 만들까?"

"나는 사장님 할래!"

놀이 주제를 정하고 역할과 할 일을 정한다. 친구의 말을 잘 듣고 상황에 맞는 말을 하고, 내 의견을 말하는 경험을 수없이 쌓게 된다. 이러한 과정을 통해 듣기 능력, 상황에 적절한 언어를 사용하는 능력, 타인에게 내 의견을 자신 있게 말하는 태도가 길러진다.

유아의 놀이를 살펴보면 대부분은 자기가 아닌 역할을 맡아 그 역할에 맞는 의사소통을 하는 역할놀이다. 수영장 놀이를 하는 아이들의 에피소드를 살펴보자.

"어서 오세요. 야호 워터파크에 오신 걸 환영합니다."

"안녕하세요."

"입장권을 사야 들어갈 수 있어요."

"입장권은 얼마인가요?"

"3,000원입니다. 카드로 계산해도 돼요."

"저랑 제 동생이 같이 왔어요. 2명이니까 6,000원 드릴게요. 하나, 둘, 셋, 넷, 다섯, 여섯. 여기요."

"감사합니다. 놀다가 배가 고프면 맛있는 음식을 사 먹을 수 있는 매점도 있어요."

새로운 주제로 놀이할 때 그 역할에 맞는 단어를 배우고 사용하면서 어휘력이 향상되고, 때와 장소를 고려하여 적절하게 말하는 능력 또한 신장된다. 유아가 단순한 패턴으로 대화한다면 교사가 관찰하고 적절한 모델을 제시하여 한 단계 더 높은 의사소통을 할 수 있도록 언어적 촉진을 하기도 한다. 또래 간의 상호작용이 원활하게 이루어질 때도 마찬가지다. 말을 더 잘하는 유능한 또래가 있을 때 친구의 모습을 보고 모방하면서 말하기 기술이 더욱 정교해진다.

그림책을 활용한 놀이도 빠질 수 없다. 일상에서 그림책을 많이 읽기도 하고 그림책을 읽고 놀이가 시작되기도 한다. 그림책을 읽으며 주인공에게 푹 빠져 말놀이와 이야기 짓기의 즐거움도 알게 된다. 글자를 읽어보려는 욕구가 길러지고 다른 친구들이 능숙하게 한글 읽는 모습을 보고 자극을 받아 금세 한글을 익히기도 한다. 그림책 문장은 아이들에게 올바른 말하기 모델을 제시하여 아이들이 새로운 어휘와 상황에 적절한 말을 배우는 데 도움이 된다.

주도성과 자신감

실컷 놀아본 아이들은 시키지 않아도 스스로 척척 알아서 잘 논다. 위험한 장난은 하지 않는다는 큰 약속 안에서 무엇이든 허용된다는 점을 알고, 내가 도움이 필요할 때 선생님이 나를 적극 지원해 줄 것이라는 신뢰감이 굳건히 쌓여있기 때문이다.

유아들이 원하는 놀이를 함께 계획하고 시작하면 의견을 낸 모두가 적극적으로 놀이에 참여한다. 처음에 놀이에 참여하지 않고 관찰만 하던 아이들도 교사가 다양한 재료를 제공하고, 공동놀이자로 함께 노는 모습을 보여주면 금방 흥미를 느끼고 놀이 속으로 빠져든다. 놀이가 시작되고 "선생님! 블록이 더 필요해요.", "책상으로 여기를 막으면 좋을 것 같아요." 등 다양한 유아들의 요구에 귀 기울이고 따라주면 아이들은 물 만난 물고기처럼 더욱 주도적으로 놀이를 펼친다. 유치원에서 적극적으로 상호작용하면서 세상과 관계 맺는 방식도 변한다. 처음 가보는 곳에서도 스스로 탐색해 보려고 하고, 처음 해보는 활동도, 처음 보는 놀잇감도 먼저 해보고 싶어서 의욕을 보인다. 너무 대견하지 않은가?

잘 노는 아이들은 주도성과 자율성이 두드러진다. 주도적인 아이로 키우기 위해서는 '칭찬과 격려'가 필요하다. 결과에 대한 칭찬보다는 유아의 행동에 대한 구체적인 피드백이 담긴 진심 어린 격려 말이다. 교사나 가족의 작은 한마디도 아이들에겐 영양제처럼 작용하여 하던 놀이를 더욱 즐겁게 할 수 있도록 한다. 격려를 많이 들은 아이는 친구들에게도 따뜻한 말을 자주 전한다.

"와~ 지수가 그린 그림 정말 귀엽다."

"연리가 연주하는 노랫소리 들으니까 행복해."

칭찬과 격려의 힘을 알게 된 아이들이 긍정적인 인이적 상호작용을 통해 관계를 형성하게 된다. 원하는 놀이를 마음껏 하고, 자신을 응원해 주는 사람들이 많은 환경에서 아이들 마음속에는 조금씩 내면의 힘이 길러진다.

자석 블록을 위로 쌓기 시작하는 유아. 의자 위로 서서 까치발도 들고 블록을 조심스레 올리는 모습을 유심히 지켜보았다. 힘들면 선생님이 도와주겠다고 말하려는 찰나, 유아는 "할 수 있어 김훈! 조금만 더 힘내자!"라고 혼잣말을 하면서 스스로를 격려하며 결국 마지막 블록을 끝까지 쌓았다. 의자에서 내려와 "와!" 하고 환호하며 좋아하는 모습을 볼 수 있었다. 끈기 있게 과제를 수행하며 기쁨을 느끼는 유아의 모습에서 많은 생각이 들었다. "훈아! 힘들었을 텐데 끝까지 포기하지 않고 해내는 모습을 보니 정말 멋지다!"라고 말하자 씽긋 웃어 보인다.

아이들에게는 스스로 해낼 수 있는 씨앗이 있다. 아이를 믿고 시간을 더 주고 칭찬과 격려를 아낌없이 해준다면 반드시 해낸다. 작은 성공 경험이 켜켜이 쌓여 "나는 무엇이든 잘할 수 있다."라는 자신감이 생기고 나아가 자아효능감까지 기를 수 있다.

또래와의 상호작용 : 사회관계, 감정 조절, 갈등 해결 능력

3세, 4세, 5세 개인차가 있긴 하지만 유치원에서 연령별로 학급을 모아두고 보면 각 연령별 특성이 눈에 띄게 구분이 된다.

3세의 장점은 다음과 같다. 첫째, 귀엽다. 둘째, 아주 귀엽다. 셋째, 어떻게 봐도 귀엽다. 유치원에 처음 입학하여 자기만의 속도로 규칙과 약속을 배워나가며 조금씩 친구들에게 관심을 가지고 함께 놀이하는 재미를 배운다.

4세는 3세에 비해 한 뼘 더 자라서인지 자율성이 높아지는 시기라서 선생님과 친구들에게 스스로 멋지게 해내는 모습을 보여주려고 노력한다. 물론 도움이 필요할 때도 있지만 자기가 할 수 있다며 자신만만한 태도로 시도하는 아이들의 모습이야말로 아주 기특하다. 호기로운 모습과는 달리 "밤이 되면 유치원 장난감들이 깨어나서 논다~"와 같은 가상의 이야기를 믿기도 한다.

5세는 할 수 있는 것도 많아지고 움직이는 범위도 훨씬 커져서 진정한 놀이의 맛을 느낄 수 있다. 이야기를 주고받으며 대화하는 재미가 있달까. 친밀감이 형성된 후엔 끊임없이 자기의 이야기를 들려주기도 하고, 새로운 활동에 용감하게 도전하여 열심히 하는 모습을 보면 늠름해 보이기도 한다.

이 시기엔 친구들과 즐겁게 지내는 만큼 갈등도 자주 발생한다. 자기중심성이 강한 유아의 특성상 어른 기준에 별일이 아닌 것에도 엄청난 분노와 속상함을 느끼며, 상대방의 입장에서 이해하기가 어렵다. 아이들이 속상해하니 갈등은 최대한 줄이는 게 바람직할까? 갈등을 제대로 해결하지 않고 넘긴다면 언젠가는 터지기 마련이다. 유치원에서 겪어야 할 갈등을 회피하면 초등학교에서 터지게 되고, 초등학교에서 겪어야 할 갈등을 전혀 겪지 않고 회피하면 그다음 시기로 미루어지게 되는 것이다. 그땐 더욱 해결하기 어려워진다. 각 연령에 맞게 완수해야 할 발달 과업이 있듯 또래와의 갈등도 유아기 때부터 반드시 겪어야 오히려 갈등을 해결하는 방법을 배울 수 있다.

갈등 상황에서 공격적인 행동이 있다면 즉각 교사가 개입하여 지도하고, 가정과 연계하여 공격적인 행동이 사라질 때까지 집중적으로 관찰해야 한다. 공격적인 행동이 아닌, 관계적인 측면에서 갈등이 발생했다면 이는 오히려 유아가 갈등을 해결할 수 있는 교육적 기회로 삼을 수 있다. 속상하더라도 감정을 스스로 조절하고, 친구의 이야기도 들으며 내 감정도 솔직하게 말하면서 서로를 조금씩 이해하가는 경험을 하도록 돕고, 친구와 함께 긍정적인 방법으로 해결할 수 있도록 지원해야 한다. 화해의 과정을 여러 번 겪다 보면 친구가 나를 괴롭히려는 의도가 아닌 실수로 그럴 때도 있고, 나도 가끔 실수한다는 점을 자연스레 알게 된다. 실수해도 허용되는 경험을 통해서 너그러이 용서해 주고 서로 도와주는 분위기가 학급 내 조성된다.

상상력과 창의력

바깥놀이를 가장 좋아하는 5세 꿈다락반. 봄철 미세먼지로 인해 바깥 놀이터에 나갈 수 없게 되자 교실에도 바깥 놀이터만큼 재미있는 놀이터를 만들자는 의견이 쏟아져 나왔고 곧이어 꿈동산 놀이가 시작되었다. 놀이를 시작하기 전 계획 단계에서 사전 경험을 떠올려 보고, 놀이동산 영상을 시청한 후 꿈동산에는 어떤 놀이기구를 만들고 싶은지 아이들에게 물었다. 바이킹, 범퍼카, 롤러코스터, 관람차, 회전목마 등 다양한 의견을 말하는 아이들. 야심 찬 대답은 들었지만, 교사로서 난관에 봉착하였다. 도대체 범퍼카, 바이킹, 롤러코스터를 어떻게 만든단 말인가? 아이들에게 되물었다.

"얘들아. 너희가 이야기한 놀이기구가 다 있으면 정말 재미있을 것 같아. 그런데 범퍼카는 어떻게 만들면 좋을까?"

상대는 5세. 진짜 범퍼카가 아닌 어떤 재료를 활용하여 범퍼카처럼 만들어야 한다는 점을 알고 있다. 진지하게 생각을 해보더니 한 아이가 손을 든다.

"선생님! 이건 어때요? 박스를 자동차처럼 꾸미고 그걸 범퍼카라고 하는 거예요."
"근데 박스에 우리가 타면 범퍼카처럼 못 움직이잖아."
"아! 그럼 뒤에서 누가 밀어주면 되지."

아이들이 요리조리 해답을 찾고 있다. 교실 자료실에서 상자를 금방 꺼내와 아이들의 상상대로 도전해 보았다. 한 아이가 상자 안에 타고 뒤에서 친구가 밀었다.

"진짜 범퍼카처럼 빨리 가면 좋을 것 같은데 느리네."
"선생님! 그러면 박스 밑에 바퀴를 달아요!"

좋은 아이디어가 떠오르자 흥분하는 아이들. 그럴싸한 아이들의 가설에 교사도 설레기 시작한다. 바퀴 달린 원통형 의자를 가지고 오자 그 위에 상자를 올리는 아이들.

"바퀴랑 박스가 안 붙어있어서 따로 움직여. 테이프로 붙여야 될 것 같은데?"

그렇게 범퍼카는 상자를 자동차처럼 꾸민 후에 바퀴 달린 원통형 의자를 붙이는 것으로 만들게 되었다. 여기서 끝이 아니다. 바이킹은 도대체 어떻게 만들어야 하지?

"얘들아. 이번에는 바이킹을 어떻게 만들지 한번 생각해 볼까?"

이번에는 더 어려운 문제였는지 아이들이 고민하는 시간이 길어진다. 이해를 돕고자 칠판에 바이킹을 그려주었다. 그러자 한 아이가 대답했다.

"선생님! 벽돌을 끝에는 5개를 쌓아서 올리고, 바로 옆에 4개, 그 옆에는 3개, 2개, 1개 쌓고, 또 그 옆에는 1개, 2개, 3개, 4개, 5개 쌓으면 바이킹 모양이 돼요."
"끝에 5개 하고 그 옆에 4개?"

다시 물어보자 답답한지 벽돌블록을 가져와 직접 쌓으며 보여준다.

"이렇게 말이에요."

어떻게든 바이킹을 만들어보고자 방법을 찾는 아이의 노력에 깜짝 놀랐다.

"정말 선생님이 그린 바이킹 그림처럼 올라갔다가 내려가는 길이 생겼네?"
"근데 벽돌로 만드니까 계단 같은데?"
"선생님 책상 미끄럼틀로 하면 어때요?"
"오? 책상 미끄럼틀로 어떻게 바이킹을 만들 수 있을까?"
"아! 우리 저번에 수박 수영장 할 때 책상으로 미끄럼틀 만든 것처럼 미끄럼틀 2개를 붙이면 되죠."

세상에! 아이들의 요구에 다시 질문을 했더니 해답이 술술 나온다. 아이들이 세운 가설대로 낮은 책상다리를 2개씩 빼고 기울어질 수 있도록 만들었다. 그리고 V자가 되게 책상 2개를 붙였다. 바이킹처럼 타기 위해서는 긴 판자 블록 위에 천을 감싸 V자 책상 위에 올리고 손님이 타면 앞뒤 양쪽에서 직원 역할을 맡은 친구가 당겨주기로 정했다.

우리 반 아이들의 상상력이 특출나게 뛰어나서 가능한 일일까? 일상에서 많이 놀고, 직접 물체를 조작하고, 다양한 상황을 관찰한 경험이 풍부했기 때문에 문제가 생겼을 때 요리조리 자신만의 방법으로 시도할 수 있는 것이다. 즉, 많이 놀수록 상상력과 창의력이 더욱 길러진다.

진짜 놀이로 변화하는 교육공동체

유치원에서 '진짜 놀이'가 시작되면 달라지는 건 아이들만이 아니다. 아이들과 함께하는 교사도, 아이를 지켜보는 학부모도 변한다. 유아, 교사, 학부모가 끊임없이 소통하면서 유치원 전체가 긍정적인 방향으로 나아간다. 진짜 놀이는 한 교실만의 일이 아니라 유치원 전체에 변화를 부르는 큰 울림이 된다.

유아와 교사의 관계

진짜 놀이는 유아의 흥미와 요구에서 시작된다. 그래서 교사는 아이 한 명 한 명이 무엇을 원하는지, 무엇을 잘하는지, 또 어떤 부분에서 도움이 필요한지를 생활 속에서 더욱 세심하게 바라보게 된다. 그러다 보니 교사는 아이들에게 마치 슈퍼맨처럼 말하지 않아도 내 마음을 쏙 알아주고, 무엇이든 척척 해결해 주는 든든한 존재가 된다. 놀이가 이어질수록 자연스럽게 서로의 호흡도 맞아간다.

활동이 정해진 시간표에 따라 진행되는 기관에서는 속도가 느린 아이에게 "빨리 하자~"라며 재촉하기 쉽다. 그러나 진짜 놀이를 하는 곳에서는 전혀 그럴 필요가 없다. 아이들은 저마다의 속도에 맞춰 강점을 살리고, 친구와 협력하며 자유롭고 즐겁게 성장할 수 있도록 교사가 지원하기 때문이다. 여기에는 시간 안에 끝내야 할 학습지도 없고, 30분 동안 자리에 앉아 외부에서 온 선생님의 수업을 들어야 할 이유도 없다. 오히려 관심 있는 주제를 친구들과 함께 탐색하고, 놀이를 만들어가는 과정에서 배움의 기쁨을 마음껏 누린다.

덕분에 아이들은 매일 유치원에 오고 싶어 하고, 교사도 '내일은 또 어떤 놀이로 이어질까?' 하며 다음 수업을 기대하게 된다. 주말에 일상을 보내다가도 문득 '아, 이건 우리 아이들 놀이에 연결할 수 있겠다!' 하고 떠올릴 만큼 놀이 속에 깊이 빠져들게 된다.

교사와 보호자의 관계

신학기가 되면 교사와 유아의 관계만큼이나 보호자와의 관계에서 친밀감을 형성하는 것이 매우 중요하다. 낯선 사이이기에 작은 일에도 오해가 생길 수 있기 때문이다. 예를 들어, 유아가 생활하다 생긴 작은 상처에도 보호자는 '왜 선생님이 미리 말해주지 않았을까?', '그때 선생님은 무엇을 하고 계셨을까?' 하고 속상해하며 교사의 역할을 되묻는다. 그 이면에는 담임선생님이 우리 아이에게 얼마나 관심이 있는지 확인하고 싶어 하는 부모의 마음이 있기 때문이다.

교사는 늘 아이에게 관심을 기울이려고 노력하고 있다. 하지만 생활 속에서 유아가 직접 표현하지 않으면 알기 어려운 부분이 많다. 신체조절능력이 아직 미숙한 유아는 생활하다 보면 여기저기 부딪히고, 쉽게 넘어져 상처가 나기도 한다. 그렇기에 "선생님은 그때 뭐 하셨나요?"라고 묻기 전에 유아에게 다쳤을 때는 꼭 선생님께 도움을 요청하라고 지도해야 한다. 친밀한 관계가 형성되어 있다면 유아의 작은 상처는 대수롭지 않게 지나갈 수 있다. 그러나 교사와 보호자 간 신뢰가 쌓이지 않은 경우, 사소한 상처 하나에도 큰 문제가 되어 CCTV 확인을 요구하는 상황으로 이어지기도 한다.

하지만 진짜 놀이가 이루어지는 곳에서는 이런 일이 현저히 줄어든다. 교사가 일상에서, 놀이 속에서 유아에 대해 꼼꼼히 관찰한 내용을 토대로 상담을 하면 보호자는 '선생님이 우리 아이를 정말 잘 알고 있구나' 하는 확신을 갖게 된다. 그 과정에서 가정에서는 볼 수 없었던 아이의 또 다른 모습을 알게 된다. 아이들이 가정에서 재잘재잘 들려주는 놀이 이야기는 부모의 마음을 열고, 자연스레 유치원 놀이에 관한 관심과 이해로 이어진다. 이는 곧 유치원에 대한 신뢰로 발전되어, 보호자는 놀이에 필요한 준비물을 제공해 주거나 유치원 행사에 적극적으로 참여한다. 진짜 놀이를 하면서 보호자와 교사는 아이의 성장과 발달을 위해 서로 돕는 진정한 교육 파트너가 되는 것이다.

동료 교사와의 관계

놀이를 준비하고 지원하다 보면 혼자서는 한계에 부딪힐 때가 있다. 그럴 땐 동료 교사에게 도움을 청하게 된다.

"요즘 우리 반에서 결혼식 놀이를 준비하고 있는데, 사진 기사 역할을 맡은 아이가 신랑, 신부의 사진을 찍어주고 전시하자고 하네요. 놀이하면서 바로 사진을 인쇄할 수 있는 좋은 방법이 있을까요?"

진짜 놀이를 하는 유치원에서는 이런 대화를 자주 들을 수 있다. 지연스럽게 수업 아이디어를 공유하는 장이 펼쳐지는 것이다. 경험 많은 선배 교사는 자신이 했던 사례를 들려주며 실질적인 팁을 주기도 하고, 신규 교사의 참신한 생각은 놀이를 한층 더 다채롭게 만든다. 동료 교사 간 수업에 대한 고민을 나누고 의견을 주고받는 과정에서 조직 간 협력하는 문화가 자리 잡고, 교사 간 소통이 더욱 활발해진다. 덕분에 교사들의 수업 능력도 한 단계씩 성장해 간다.

교사들이 두 팔 걷고 열정을 다해 수업을 준비하는 모습은 결국 원장·원감선생님까지 움직인다. 필요한 예산을 배정해 주거나 교재·교구를 적극 마련해 주고, 때로는 교사들이 수업에 집중할 수 있도록 업무를 조정해 주며 든든하게 지원해 주신다.

즉, 진짜 놀이는 유아 한 명의 성장을 넘어 교사와 학부모, 유치원 전체가 함께 성장하는 기회를 만든다. 아이와 교사만 변하는 것이 아니라, 교육공동체 모두가 놀이를 통해 배우고 자라난다.

2장

교실 안에서도 밖에서도 놀 궁리

유아 관찰의 모든 것

어린 시절의 나는 좋아하는 캐릭터 스티커가 들어 있는 빵을 찾으려고 동네 가게를 자주 돌아다녔다. 책받침 앞뒤를 빼곡히 채울 만큼 스티커를 모았을 정도로, 그 캐릭터는 내게 무척 소중했다. 신기하게도 지금 우리 반 아이들이 좋아하는 캐릭터가 그 시절 내가 좋아했던 캐릭터와 이어지고 있다. 반가운 마음에 "나 이 캐릭터 알아~ ○○○ 맞지?" 하자 "아니에요~" 하며 내가 말한 캐릭터는 '전설의 캐릭터'이고 이미 진화했다고 목청 높여 대답해 준다. 타입은 왜 그렇게 많고, 기술은 또 왜 그렇게 다양한지… 아이들의 이야기를 듣다 보면 정신이 쏙 빠질 지경이다. 하지만 그 대화 속에서 자연스럽게 누가 카드를 많이 모으는지, 누가 정보를 많이 알고 있는지, 또 우리 반 친구들이 얼마나 그 캐릭터를 좋아하는지를 알 수 있었다.

하지만 유치원에는 장난감을 가져오지 않는다는 규칙이 있었기 때문에 교실에는 그 카드를 가져오지 않기로 약속했다. 시무룩한 표정을 짓는 아이들에게 나만의 새로운 캐릭터를 직접 그리거나 클레이로 빚어보는 '새로운 카드 만들기' 놀이를 제안했다. 그렇게 아이들은 함께 모여 '캐릭터 회사'를 만들었다.

놀이가 이어지는 동안 아이들은 각자 만든 캐릭터를 입체로 보여주는 앱과 움직임을 보여주는 프로그램을 통해 더 큰 흥미를 느꼈다. 카드에 자신이 상상해 낸 강력한 캐릭터의 타입을 적고, 글자를 서로 묻고 알려 주며 우리만의 '캐릭터 회사 놀이'를 차곡차곡 채워갔다.

그때 나는 문득 아이들의 카드를 들여다보다가 이런 생각을 했다. '만약 교사에게도 강점과 특성이 적힌 카드가 있다면, 내 카드에는 어떤 특성을 적을 수 있을까?' 나는 내 카드에 관찰력과 해석력, 실행력이라는 강점이 새겨져 있기를 바란다. 교사가 아이들을 세심히 관찰하고, 그 속에서 의미를 읽어내며, 다시 놀이와 배움으로 연결할 때, 아이들이 성장하기 때문이다.

관찰력★★★★★

선생님은 정말 신기하다. 2월 말 연령과 학급이 결정되면 그 순간부터 우리 반 아이들에게 무엇에 홀린 듯 조건 없는 사랑에 빠진다. 신학기 준비 기간에 얼굴 한번 본 적 없는 아이의 이름표를 수없이 타자 치고 자르며 외우고, 물품과 사물함 자리에 이름표를 붙이고 어떤 친구일지 상상하며 만나기도 전에 이미 사랑이 시작된다. 그렇게 우리 반, 내 반이 되어 교사는 우리 반 바라기가 된다.

우리 반 아이들을 만나는 날이 다가오면 나는 유아의 눈높이로 세상을 바라보며 마치 그 나이로 돌아간 듯한 기분이 든다. 어린 시절을 떠올리며 내가 가장 좋아했던 놀이, 그때의 촉감과 냄새, 세상을 바라보던 시선을 다시 꺼내 보며 아이들과 가까워지기 위해 노력한다. 교실에 아이들의 작품이나 게시물을 붙일 때도 무릎을 굽혀 아이들의 눈높이에 맞추고, 우리 반 아이들의 키만큼 시선을 낮춘다. 그렇게 교실을 둘러보며 아이들의 세계를 함께 느끼고, 그 길을 같이 걸어가고자 한다.

아이들의 시선을 가장 잘 들여다보는 방법은 두 가지다. 첫째는 아이들과 함께 놀며 자연스럽게 관찰하는 것이고, 둘째는 교사가 듣지 않는 척하며 아이들의 일상 대화를 살짝 엿듣는 것이다. 아이들이 주고받는 편안한 대화 속에는 그들이 만난 세상, 경험한 일, 요즘 빠져있는 놀이가 고스란히 담겨있다. 그 대화는 그대로 교실 놀이의 씨앗이 된다. 아이들의 시선을 따라가지 못한다면, 하루하루 반짝이는 놀이는 금세 빛을 잃고 사라져 버린다.

올해 바깥놀이 시간에 해소의 숲(단샘유치원 뒤편 숲)을 산책하던 중 어디선가 '딱, 딱딱딱!' 무언가를 두드리는 소리가 들렸다.

"이거 딱따구리 소리 아니야?"
"여기에 딱따구리가 왜 있어."
"딱따구리가 집 짓는 소리일 수도 있지."

아이들의 실랑이를 보고 유치원 창밖에서 우연히 발견했던 딱따구리가 떠올랐다. "선생님도 유치원에서 딱따구리 본 적 있어. 우리 딱따구리가 집 짓는 영상을 찾아보면 방금 그 소리가 딱따구리가 집 지을 때 나는 소리인지 아닌지 알 수 있지 않을까?" 하고 말하자 아이들은 알겠다고 했다.

역시나 산책을 마치자마자 아이들이 나에게 달려와 "딱따구리가 집 짓는 영상 찾아주세요!" 하고 외쳤다. 미리 준비된 자료는 없었기에 급히 영상을 검색해 소리를 미리 들어본 뒤, 아이들이 손을 씻고 자리에 모일 때까지 기다렸다. 산책 중 우연히 들었던 그 '딱, 딱딱 딱!' 소리에 대해 함께 이야기를 나누며 영상을 보여주었다. 그런데 영상 속 딱따구리가 집을 지을 때 내는 소리는 우리가 들었던 것보다 훨씬 작고 미세했다. 아이들은 두 소리가 다르다는 것을 알아차렸고, 아쉬운 듯한 표정을 지었다. 사실 아이들이 들었던 소리는 인근 공사장에서 나는 소리였다. 정답을 바로 알려 주기보다 아이들이 마음껏 상상하고 스스로 답을 찾아가는 과정을 경험하는 것이 더 큰 배움이라 생각했기에 유아들의 생각을 들어주며 지원하고 기다려주었다.

다음 날, 집에 있던 딱따구리 놀잇감을 유치원에 가져왔다. 전날 아이들과 나눈 이야기가 자연스럽게 이어질 것 같아 챙겨온 것이다. 아니나 다를까, 아이들은 아침부터 교실 옆 지혜샘(도서실)에서 딱따구리 책을 찾아오고, 입을 벌린 아기 새를 만들어 서로 보여주며, 구멍 뚫린 나무에 먹이를 넣어주는 상황극을 반복했다. 역할을 바꿔가며 주고받는 짧은 이야기 속에서 딱따구리에 대한 아이들의 흥미는 더욱 깊어졌다. 그러다 딱따구리의 천적에 대해 이야기 나누는 모습을 포착했다. 그 흐름을 놓치지 않고 미리 준비해 둔 딱따구리 놀잇감을 꺼냈다. 예상 적중! 단순한 구조의 놀잇감이었지만 아이들은 만져보고 싶다며 줄을 서기 시작했다.

그리고 그다음 날, 우유 간식을 먹으며 나눈 아이들의 대화는 아직도 잊히지 않는다.

"루리야, 여기 손잡이 있는 새는 엄마 새이고, 나무 안에 있는 새는 아기 새 같지?"
"아닐 수도 있지! 밖에 있는 새는 아기 새가 자라서 엄마 주려고 애벌레를 구해온 거고, 구멍 안에 있는 새는 엄마나 아빠가 나이가 들어서 힘들어서 쉬는 걸 수도 있잖아. 이 새(손잡이 있는 새)가 도와주는 거야."

한 번도 그 놀잇감을 가지고 그런 상상을 해본 적이 없었다. 아이들의 이야기를 듣는 순간, 나도 모르게 눈시울이 붉어졌다. 이 대화를 아이들이 교실에 만든 작은 극장인 '이야기 극장'에서 다른 친구들에게 들려주자, 아이들이 무척이나 좋아했다. 돌이켜보면, 만약 내가 아이들의 이야기에 귀 기울이지 않고 관찰하지 않았다면 이 모든 순간은 그저 흘러가는 '딱, 딱딱딱' 소리로 끝났을지도 모른다. 4세 아이들이 우유를 마시며 이렇게 깊은 생각을 나누는 모습을 놓쳤다면, 그것만큼 아쉬운 일도 없었을 것이다.

어른의 마음까지 움직이는 이야기를 품은 놀이. 그 놀이에 흠뻑 빠진 아이들로 가득한 학급을 만들기 위해서는 교사가 먼저 마음을 활짝 열고 아이들의 이야기 속으로 들어가야 한다. 방법은 다양하지만, 내가 가장 중요하게 여기는 것은 관찰과 기록이다. 상황을 기록한 메모는 물론, 교사가 공동놀이자로서 느낀 주관적인 생각까지 함께 기록한다. 객관적인 관찰자이자 공동놀이자로서 기록을 쌓다 보면 자연스럽게 유아들의 세계에 한 발 더 가까워진다. 그렇게 교실 흐름 속에서 호흡한 교사는 지금 우리 반 놀이를 확장하기 위해 어떤 지원이 필요한지 쉽게 판단할 수 있다. 교실 흐름을 깊이 이해하고 파악한 교사가 던지는 재치 있는 유머, 의미 있는 노래, 새로운 이야기, 모델링은 아이들의 놀이를 더욱 다채롭고 풍성하게 한다. 관찰하고 기록하며 느낀 것을 실천하는 것만으로도 학급의 놀이가 확장되고 깊어진다.

놀이에 함께 참여하며 유아의 모습을 기록하는 일의 장점은 여기서 그치지 않는다. 교사와 유아의 거리는 조금씩 좁혀지고, 교사의 눈에는 유아 한 명 한 명의 다양한 면모가 입체적으로 들어오기 시작한다. 아이들 옆에 앉아 이야기를 더 깊이 듣고, 질문하고, 함께 놀이하는 과정에서 더욱 생생한 관찰기록이 쌓인다. 관찰기록은 보호자와의 상담에서 자녀의 이해 자료가 되고, 아이에 대한 깊은 이해를 바탕으로 상담하는 교사는 보호자의 공감과 신뢰를 얻는다. 그러니 유아의 놀이를 따라가며 배움의 씨앗을 발견하고 함께 키워나가는 관찰 여정은 교사에게도 큰 기쁨이다.

해석력★★★★

"교사는 현장연구가다."라는 말이 늘 마음에 깊이 와닿는다. 책 속과 강의실에서 배운 전문적인 지식과 기술 못지않게, 교실 안에서 매 순간 내리는 판단과 그 속에서 체득되는 경험적 지식은 실로 값지다. 그 노하우는 동료 교사와 함께할 때 더욱 큰 힘을 발휘한다.

우리 반 현우는 교실에서 진행되는 주제 놀이보다 혼자 시계 읽기나 숫자 쓰기 등 자신이 좋아하는 활동에 몰입하는 모습을 자주 보였다. 전자시계 읽기에서 시작된 관심은 아날로그 시계의 분과 초까지 정확히 읽을 수 있는 수준으로 발전했다. 현우의 흥미를 살려 시계와 숫자,

규칙 찾기와 관련된 놀이를 함께하며 격려했고, 관련 교구를 제공하고 질문을 던지며 상호작용을 시도했다.

또래와 어울리는 놀이를 제안해도 잠깐뿐, 친구와 활발한 상호작용은 나타나지 않았다. 게다가 현우는 가끔 교실 시계나 타이머를 혼자 차지하려 하거나, "4분 뒤에 강당 갈 시간이야. 10시 41분!", "20분 뒤에 점심 먹으러 갈 시간이다!" 하고 손목시계를 확인하며 외치곤 했다.

그런 행동을 두고 처음엔 '시간과 시계'를 기준으로 주변을 인식하고 있다고 해석했다. 현우를 이대로 두면 '또래와 상호작용은 점점 줄어들고 시간에 대한 강박이 생기지 않을까' 하며 걱정이 되기 시작했다. 그 고민을 교무실에서 나누자, 한 선생님이 "오히려 시계를 읽는 능력을 활용해 시간 알려주는 역할을 독점하려는 것일 수도 있지 않을까요?"라고 말씀하셨다.

그 순간 현우의 행동을 처음부터 다시 떠올려보았다. 시계를 감추거나 혼자 보려 했던 모습, 교사와 친구들에게 정해진 시간이 다가오고 있음을 반복해서 알려주던 행동이 '시간을 알려주는 역할'을 하기 위한 것으로 이해되기 시작했다. 돌이켜보면 나 또한 현우에게 "현우가 시간을 알려줘서 정말 고마워.", "정말 시간이 이렇게 됐네! 우리 현우가 말한 것처럼 교실로 들어갈 시간이니깐 마무리해 봅시다." 등 긍정적인 반응을 보였고, 친구들도 "현우야, 지금 몇 시야?", "우리 생태원(체험 장소)에 도착하려면 몇 분 남았어?"라며 자연스럽게 시간과 관련된 질문을 현우에게 하곤 했다.

그렇게 또 다른 해석의 가능성을 열어두자 지원 방법도 달라졌다. '시계 선생님' 역할을 맡겨 친구들과 함께 시간을 읽고 알려주는 놀이와 같이 현우의 흥미를 존중하면서도 또래와의 상호작용을 촉진할 수 있도록 지원하기로 하였다.

다음 날, 진행 중이던 시장 놀이에 '정해진 시간에만 열리는 특별한 시장'이라는 규칙을 붙였다. 시간을 알려줄 사람이 있는지 물어보자 현우의 눈이 반짝였다. 친구들도 "현우요!" 하고 외치며 현우를 시장 시간 알림이로 추천했다. 현우는 교실 시계 앞에서 핸드벨을 들고 정확하게 시장이 열리는 시간을 알려주었다. 놀이 속 역할로 시간을 알려주며 친구들과 소통할 기회를 늘리자 현우가 친구와 함께 놀이하는 시간이 늘어났다. 현우와 친밀함이 쌓인 친구가 현우에게 시계 보는 법을 배우려고 노력하는 모습이 관찰되기도 하였다.

이런 변화를 교무실에서 나누던 중 선배 선생님이 "수 개념이 뛰어난 아이들은 의외로 음악적 감각도 좋은 경우가 많더라고요!"라고 말씀하셨다. 그 순간 예전에 현우가 피아노 건반 맞히기 퀴즈에서 집중하며 큰 소리로 대답했던 장면이 떠올랐다. 현우가 오카리나, 실로폰으로 간단한 동요를 곧잘 연주해서 교실에 있는 전자피아노도 놀이 시간에 활용할 수 있도록 했다. 관찰해 보니 음악을 들려주면 악기를 하나씩 눌러보며 방금 들은 음을 따라 치곤 했다.

현우 어머니에게 최근 변화와 관련하여 상담하게 되었다. 가정에서도 음악 수업을 따로 받은 적이 없지만 계이름으로 익숙한 노래를 부르고, 오카리나를 즐겨 연주한다고 했다. 나는 현우가 음악에 흥미와 관심이 많고 음감도 뛰어나니, 가정에서도 이 부분에 대해 함께 흥미를 가져주시고 지원하면 좋겠다는 의견을 전달하며 상담을 마무리했다. 며칠 뒤 현우 어머니가 다시 연락을 주시며 이렇게 전했다.

"선생님, 우리 현우가 절대음감이래요. 지금이 민감기라서 놓치면

안 되는 시기라고 하더라고요. 그냥 좋아하는 정도라 생각했는데 저도 신기하네요. 현우가 피아노 배우고 싶다고 해서 한번 배워보기로 했어요. 정말 감사합니다."

그날의 대화를 떠올리면 지금도 뿌듯하다. 교사 한 명이 아닌 우리 유치원의 동료 교사 전체가 현장연구팀처럼 협력하여 한 아이의 가능성을 발견한 것이기 때문이다. 그 뒤로 동료 교사들은 복도에서 현우를 만나면 "시계 박사님~ 지금 몇 시에요?"라고 은근히 시간을 물어봐 주었다. 현우는 어느새 우리 반 현우에서, 유치원 모두의 현우가 되었다.

유아를 관찰하고 해석하다 보면 당시 교실의 놀이 상황이나 교사 개인의 관점에 따라 아이들의 시선과 속마음을 온전히 해석하기 어려울 때가 있다. 그런 공백은 동료 교사의 관찰과 피드백이라는 소중한 자산으로 메울 수 있었다. 함께하는 동료 교사의 눈과 귀를 통해 더 많은 상황을 보고 들으며 내가 미처 발견하지 못했던 유아의 가능성을 다른 시각에서 새롭게 해석할 수 있다. 혼자였다면 오래 걸리거나 아예 놓쳤을지도 모를 아이의 성장. 동료 교사와 협력한다면 유아를 위해 더욱 풍부하고 질높은 지원이 가능함을 잊지 말자. 비록 처음에는 서툴지라도 유아나 학급의 분위기, 문제행동들에 대해 교사로서 고민하고 다양한 해석을 통해 유아를 이해하고 지도하려는 과정이 반복될수록 교사의 해석력은 정확해질 것이다.

실행력★★★★★

아이들을 세심히 관찰하고 동료들과 함께 해석할 수 있다면 그다음 단계는 바로 '실행'이다. 아이들이 상상한 놀이를 현실에서 구현하는 능력. 교사는 가진 모든 재료와 기구, 기술을 총동원해 아이들의 이야기를 실현하는 일종의 '교육 맥가이버'가 되는 것이다.

평소 유치원 교육에서 공간과 환경에 관심이 많다. 그래서 놀이의 청사진을 그릴 때, 아이들의 이야기를 교실에 어떻게 입힐 수 있을지를 상상한다. 때로는 막연하기도 하지만, 아이들이 꺼내는 한마디 한마디가 우리 교실과 복도 어딘가에서 구현될 수 있으리라 생각하면 마음이 설렌다. 아이들과 함께 놀이 환경을 만들고, 놀이 흐름에 따라 수정해 가는 과정은 힘들지만 그만큼 보람도 크다.

단샘유치원 선생님들은 특히 실행력이 탁월하다. 어쩜 그리 '놀 궁리'를 멈추지 않는지 신기할 정도다. 우연히 들어간 식당에서 놀잇감을 발견하고, 길을 걷다가도 놀이에 쓸 만한 재료를 점찍어 두는 모습은 마치 유년 시절 골목대장을 떠올리게 한다. 각 반에서 놀이가 시작되면 선생님과 아이들이 함께 창고와 자료실을 샅샅이 뒤지며 필요한 재료를 찾아내는 모습은 단샘유치원의 일상이자 풍경이다. '이걸 이렇게 가지고 논다고?' 싶을 만큼 기발한 아이디어도 자주 등장한다. 놀잇감 하나, 교실 배치 하나에도 늘 같은 출발점이 있다.

"아이들이 ○○ 놀이를 해보자고 해서요."

실제로 아이들은 유치원 곳곳을 돌아다니며 일상에서 경험한 것을 토대로 필요한 재료와 도구를 거리낌 없이 제안한다. 교사는 그 과정에서 '안전'이라는 중요한 요소를 늘 고민하면서도 아이들의 상상을 최대한 실현하려 애쓴다. 그렇기에 나는 '진짜 실행력'이란 아이의 상상을 존중하면서도 책임감 있게 구현해 내는 교사의 용기와 실천력이라고 생각한다.

작년, 우리 반에서는 '행성 탐사 우주선' 놀이가 한창이었다. 아이들은 비행선 안에 '체력 단련실'이 있다는 이야기를 꺼내며 운동기구를 만들자고 했다. 그때 한 아이가 유치원에서 짐을 나를 때 쓰는 노란 수레를 가리키며 말했다.

"선생님~ 저거예요! 저거!"
"저기 위에 올라가서 러닝머신처럼 운동하면 되잖아요."

순간 '저걸?' 싶었지만, 바퀴만 분리하면 될 것 같다는 아이디어가 떠올랐다. 다음 날, 노란 손잡이를 잡고 제자리 달리기를 하는 아이들의 모습은 참으로 기특했다.

며칠 뒤, 교무실에서 한 선생님이 물으셨다.

"선생님~ 선생님 반 아이들, 우주 놀이 하는 거죠? 복도에서 돌멩이 모형을 던지던데, 그건 뭐예요?"
"운석이에요. 아이들이 운석이 쏟아지는 장소를 만들고 싶다고 해서 고민 중이에요."

그러자 또 다른 선생님이 한마디 하셨다.

"그거면 되겠다~ 운석 터널! 천장에 운석을 매달아서 피해 가게 만들면 어때요?"
"와~ 선생님! 최고예요!"

아이디어는 곧 실행으로 이어졌다. 아이들과 운석을 피해 가는 방법을 이야기하자 "방패로 막기요!", "블랙홀로 밀어 넣는 거예요!" 등 창의적인 의견이 쏟아졌다. 결국 우리는 '운석 터널'을 만들기로 했다. 아이들은 돌멩이 모형을 낚싯줄에 매달아 나에게 천장에 고정해달라고 요청했다. '어떻게 고정할까?' 고민하다가, 예전에 옆 반에서 사용했던 '하늘 그림이 그려진 터널 모양 지붕'을 떠올렸다. 자료실에서 구조물을 꺼내 교구장을 벽에서 살짝 떨어뜨리고 지붕을 올리자, 아이들은 주저하지 않고 낚싯줄과 테이프를 들고 와 운석을 설치하기 시작했다. 돌멩이가 떨어지면 "선생님, 다시 묶어주세요!" 하며 다시 요청하기도 했다.

그렇게 아이들과 함께 완성한 운석 피하기 구간은 정말 실감 나는 놀이 공간이 되었다. 다음 날 시율이는 검은 색종이를 동그랗게 오려 바닥에 붙이고 있었다.

"무엇을 만드는 거니?"
"크레이터요. 운석이 떨어진 구덩이요!"

아이들의 작은 이야기 하나하나가 현실로 구현되며, 우리 교실은 어느새 온통 '우주 놀이'로 가득 찼다.

아이들이 교사의 말에 더 귀 기울이는 이유는 그들의 이야기를 놓치지 않고 함께 만들어간다는 것을 알기 때문이 아닐까. 함께 만드는 공간은 서로의 마음속에 소중히 남는다. 그래서인지 아이들은 공간이 망가지도록 함부로 놀거나 위험하게 놀지 않았다. 우리 반 곳곳의 놀이 공간은 우리 반의 역사가 되었고, 누구에게나 당당히 설명할 수 있는 자랑거리가 되었다. 나 역시 그 모든 순간을 연결한 우리 반의 맥가이버라는 사실이 무척 자랑스러웠다.

유아와 함께 놀이하며 관찰하고, 관찰한 것을 여러 각도에서 분석하며 유아와 놀이를 해석한다. 해석을 토대로 계획을 세우고 이를 실행한다. 매번 이 세 가지 특성이 착착 맞아들어가는 것은 쉽지 않다. 그러나 중요한 것은 조금씩 꾸준히 나아가는 것! 조금씩 나아가다 보면 어느새 우리의 수업력도 별 5개가 되어 있을 것이다.

질문을 먹고 자라는 놀이

질문이 중요해진다

최근 SNS나 주위를 둘러보면 ChatGPT를 활용하고 있는 사람들이 많아지고 있다. 인공지능이 우리의 삶 속에 들어오며 인공지능 시대가 도래한 지금 "미래에는 암기력보다는 질문 능력이 중요해질 것이다."라는 전문가들의 예측이 나오고 있다. 이런 예측이 진짜일까 하는 의심은 멀리 갈 것도 없다. 직접 ChatGPT에 여러 가지 질문을 해보면 된다. 하나의 주제에 대해서도 어떻게 질문하느냐에 따라 얻을 수 있는 답이 크게 달라진다. 따라서 교육계에서도 '질문'에 수목하며 다양한 연구를 하고 있다. 교육계에 특정 이슈가 떠오르면 그것이 무엇이든 '나의 학급 운영 및 놀이 지원에 어떻게 반영할 것인가'라고 한 번쯤 고민하게 된다. 그렇게 나의 수업 중 질문에 관한 고찰이 시작되었다.

유치원은 질문 수업을 이미 하고 있다

사실 유치원 교실에서는 질문이 넘쳐난다. 하루에도 수없이 질문하고 질문을 받는다. 하루에 받는 질문의 개수는 세기도 어려운 지경이다. 이렇게 넘쳐나는 질문 속에 살고 있는 교실을 되짚어보자 질문 수업이 진정으로 지향하는 바가 무엇인지 궁금해졌다. 한마디로 정의하자면 '필요한 정보를 얻기 위해 적절한 질문을 적극적으로 할 수 있는 사람'이 아닐까? 이를 위해서 전문가들과 장학 자료는 개방적인 교실 분위기를 만들고 유아가 질문을 할 수 있도록 교사부터 모델링을 보이며 다양한 질문 기회를 부여하라고 한다.

이쯤 알아보았을 때, 어딘가 익숙함을 느낄 수밖에 없었다. 유아·놀이 중심 교육을 실천하기 위해서는 질문이 필수적이기 때문이다. 교사가 일방적으로 주도하는 교육과정이 아니기에 교사와 유아는 의견을 주고받아야 하고 그 과정에 질문은 빠질 수 없다. 이 과정에서 교사는 확산적 질문을 통해 다양한 의견을 듣는다. 다양한 의견을 한 방향으로 모으려면 수렴적 질문도 해야 한다. 교사만 질문하겠는가? 유아들끼리도 자연스럽게 질문을 하게 된다. 조금만 신경 쓴다면 잘 놀았을 뿐인데 언제나 질문이 넘쳐나는 유아들이 될 수 있는 것이다.

유아·놀이 중심 교육과정과 질문의 맞닿음

① 문제를 해결하기 위한 질문 : "좋은 방법이 없을까?"

수업하며 질문을 주로 활용하게 되는 시간은 이야기 나누기 시간이다. 이야기 나누기 시간에는 정보전달과 토의, 발표가 주로 이루어진다.

우리 반 유아들은 5월에 옥수수를 심었다. 그리고 방학이 끝난 8월 그 옥수수를 수확하여 삶아 먹었다. 그 뒤 유아들은 옥수수 주문 놀이를 시작했다. 옥수수만 판매하다 보니 다소 아쉬워하는 유아가 생기기 시작했다. “얘들아 지원이가 옥수수만 파니까 시시하대. 이걸 해결할 좋은 방법이 없을까?” 질문을 하자 유아들은 저마다 의견을 내기 시작했다. 젤리, 아이스크림, 과자 등등 다양한 먹을 것을 만들어 팔자는 이야기가 나왔다. 그때 현지가 말했다. “그런데 그걸 다 하면 우리가 너무 힘들잖아.” 아이들이 웅성거리기 시작했다. “현지는 이걸 다 만들면 힘들 것 같대. 만들다가 장사를 하지 못할까 봐 걱정된다고 하는 친구도 있네. 어떻게 하지?” 교사가 한번 중재를 하자 투표를 통해 개수를 줄이자는 의견이 나왔다. 그렇게 우리는 젤리 공장을 만들기로 했다.

위 사례처럼 나는 종종 교실에서 문제 상황을 해결하기 위해 유아들에게 의견을 구하는 질문을 한다. 이렇게 질문을 하면 유아들은 문제 상황 속 정보를 인식하고, 이를 바탕으로 해결책을 모색한다. 교사의 마음속에 ‘이 방향으로 갔으면’ 하는 바람은 있지만, 이 질문의 본질은 당면한 문제를 해결하는 것이기에 정답은 없다. 교사의 생각과 달라도 괜찮다는 마음을 가지고 대화를 나눈다. 그렇게 대화를 나누다 보면 유아들은 의견을 내는 것을 주저하지 않게 된다. 다소 짓궂은 의견도, 장난스러운 의견도 나온다. 그렇게 교실 속 개방적 분위기가 조성된다.

나는 유아들이 이야기 나누기의 경험이 충분히 쌓였다고 판단되면 그들의 토의에서 한 발 뒤로 물러난다. 유아들끼리도 질문을 할 수 있도록 말이다.

“선생님 옥수수만 파니까 시시한 것 같아요.”
“그래? 그럼 어떻게 하면 좋겠어?”
“모르겠어요.”

"그럼 친구들한테 한번 물어볼까?"

"네."

"뭐라고 물어볼까?

물론 이렇게 스스로 질문해 보는 경험을 준다고 모든 유아가 자신있게 말하지는 않는다. 교사가 곁에서 "얘들아 ○○이가 물어볼 게 있대. ○○아 물어봐"라고 도와줘야 하는 유아도 있다. 그러나 놀이가 끝날 때, "지원아, 옥수수만 파는 거 시시하다고 해서 친구들에게 다른 방법이 없냐고 물어보길 잘했다, 그렇지? 지원이 덕분에 더 재미있게 논 것 같아. 고마워!"라는 말을 건네고 나면 유아의 자신감과 어깨는 한층 더 올라간다. 이렇게 긍정적인 경험을 한 유아는 다음 놀이에서 자신에게 문제가 생기면 이를 해결하기 위해 질문하기를 주저하지 않게 된다.

② 정보를 기억하기 위한 질문

①번 사례 이야기 나누기의 결론은 '젤리 공장도 만들자!'였다. 다수의 유아가 하나의 놀이를 하기 위해서는 놀이의 방향성을 정리해야 한다. 주로 유아의 경험이 이를 뒷받침하지만, 공장처럼 유아의 일상생활 속에서 충분한 자료를 얻기 어려운 경우는 대체할 자료를 활용한다. 동화책이 되기도 하고, 영상이 되기도 한다. 이날은 젤리 공장 영상을 찾아보기로 했다. 유튜브에 있는 젤리 공장 영상을 본 후 유아에게 물었다.

"젤리 공장에 어떤 것들이 있었어?"

유아에게서 다양한 답이 나왔다. 나선으로 올라가는 기계 설비부터 젤리 틀, 공장의 사람들, 컨베이어벨트까지. 이처럼 어떤 것이 나왔는지에 관한 질문은 수렴적 질문에 해당한다. 이런 질문을 통해 유아는 동화책이나 영상으로 습득한 정보를 정리하게 된다. 놀이를 구성하는 과정에서 보여주는 각종 자료를 통해 얻는 정보는 유아마다 다르다. 10개를 보여주면 10개를 모두 기억하는 유아가 있고, 1개를 기억하는 유아가 있다. 유아들은 질문을 통해 얻은 정보를 모두에게 공유하고 다른 사람의 정보를 공유받는다. 함께 공유한 정보를 바탕으로 이야기를 나누다 보면 놀이의 전개 방향이 정해진다. 그렇게 놀이하는 경험이 쌓이다 보면, 어느새 교실 한구석에서 발레학원을 차릴 거라며 놀이하는 유아가 다른 친구에게 "야, 우리 발레학원에 뭐가 있었더라?"라고 질문하는 모습을 관찰할 수 있게 되는 것이다.

③ 정보를 찾기 위한 질문 : "왜 ~하는 거예요?"

영상을 보고 이야기 나눈 것을 바탕으로 공장의 위치를 선정하였다. 그리고 우리의 이야기 나누기 주제가 된 것은 공장에서 일하는 사람들이었다. 우리가 공장에서 일하는 놀이를 할 것이니 말이다.

"사람들을 발견했어? 사람들이 무엇을 입고 있었어?"
"파란색 옷이랑 모자요."
"왜 이런 옷과 모자를 썼을까?"
"손이 끈적끈적하고, 옷에 묻을까 봐요."
"글쎄, 그럴 수도 있겠다. 그런데 선생님도 왜 저런 앞치마랑 모자를 쓰는지 모르겠어. 너희 주변이나, 우리 유치원에 이런 모자랑 앞치마를 쓰는 분 본 적 없니?"

"아! 급식실 선생님이요! 조리사 선생님들!"

"아~ 그렇네. 생각해 보니 그렇구나."

"우리 직접 물어보러 가요!"

유아들의 정보는 경험에 근거한다. 자기 손에 묻을까 봐 장갑을 꼈던 경험, 물감 놀이를 하며 옷에 묻을까 봐 앞치마를 입었던 경험을 넘어선 대답이 쉽게 나오지 않았다. 바로 정보를 알려줄 수도 있지만, 유아들이 정보를 얻기 위해 방법을 찾고 질문을 만들어 갈 수 있도록 기다려준다. 모르는 것을 알아가면 된다고 생각할 수 있도록 교사도 모르는 척 능청을 떠는 것도 잊지 않는다. 이렇게 기다리다 보면 유아들은 해결책을 찾아낸다. 곁에서 정보를 얻을 수 있는 인물을 찾아내는 것이다. 답을 알려줄 사람이나 매체를 찾으면 이제 질문을 만든다. 질문을 만드는 것도 유아가 스스로 할 수 있도록 도움만 제공한다.

"급식실 선생님들께 뭐라고 물어보면 급식실 선생님이 앞치마랑 모자를 쓴 이유를 알려주실까?"

"'왜 젤리 공장 모자를 쓰고 있어요?'라고 물어볼래요."

"왜 모자를 쓰고 있냐고 물어보면 이유를 알 수 있겠다. 그런데 지금 급식실 선생님은 우리가 젤리 공장 놀이하다가 물어보는 걸 몰라서 '젤리 공장 모자 아니고 급식실 선생님 모자예요.'라고 말할 수도 있어."

"음… 그러면 '왜 모자 쓰고 있어요?' 물어봐요."

"그래 그러면 이유를 말씀해 주실 수 있겠다. 그런데 장갑이랑 앞치마

하는 이유는 안 물어봐도 되니?"
"아니요! 물어볼 거예요!!!"
"그러면 어떻게 물어보면 좋을까?"
"'음식 할 때 장갑이랑 앞치마, 모자는 왜 쓰고 있는 거예요?' 하고요."

질문을 만들어낸 유아들의 의도를 다시 한번 짚고, 고민하다가 빠뜨리는 것들을 점검할 수 있도록 대화를 나눈다. 대화 끝에 유아들이 충분한 질문을 만들어내면 놀이로 녹여내기 위해 질문 대상에게 협조를 구한다. 실제로 유아들은 교사가 급식실 조리사님께 협조를 구한 뒤 직접 궁금한 것을 여쭤보았다. 이와 같이 협조를 구할 사람이 없는 상황이라면 사례처럼 만들어낸 질문을 그대로 활용해 포털 사이트에 검색하기도 하고, ChatGPT와 같은 인공지능에 물어보기도 한다. 인터뷰하거나 검색을 해보며 원하는 답이 나오지 않을 때도 있지만, 정정은 어렵지 않다. 원하는 정보를 얻기 위해 시행착오를 경험한 유아들은 마침내 적절한 질문을 하는 방법을 체득하게 된다.

조리사 선생님께 궁금한 것을 여쭤보는 유아들

부직포 위생모를 착용하고 신난 유아들

이렇게 인터뷰하러 간 유아들의 놀이가 어떻게 되었는지 궁금하지 않은가? 유아들은 머리카락과 손의 세균이 들어가지 않게 하려고 위생모와 장갑, 앞치마를 착용한다는 답변을 들었다. 그리고 교실에 돌아와 교사에게 위생모를 달라고 하였다. 부직포로 만들어진 모자가 답답할 만도 한데, 끝까지 모자를 착용하고 젤리를 만들었다. 질문에서 시작해서 더 재미있는 놀이로 이어진 유아들은 다음에 질문할 기회가 생기면 주저하지 않고 달려들 것이다. 질문이 재미있는 놀이로 돌아오는 것을 알기 때문에 실수하더라도 질문을 바꿔가며 포기하지 않고 질문하여 새로운 놀이를 펼쳐가기 위해 노력할 것이다.

④ 추론하는 질문 : 만약~ 했더라면…

놀이를 열심히 하면 끊이지 않는 것이 무엇인지 아는가? 바로 갈등이다. 놀이를 하다 보면 크고 작은 갈등이 일어나기 마련이다. 격하게 싸우는 것만이 갈등은 아니다. 사소한 의견 충돌 또한 갈등이다. 5세쯤 되면 서로 이야기를 통해 해결하지만, 더 어린 연령은 그 과정에서도 교사의 개입이 필요하다. "만약 네가 ~했더라면"이라는 질문이 제일 많이 쓰이는 때도 이럴 때이다.

"선생님~ 건호가 자동차 다 쓰고 있어요."

"……"

이렇게 교사를 찾아오는 유아들이 생기면 함께 이야기를 나눈다. "만약 네가 놀고 있는데 친구가 놀잇감을 달라고 했다면 마음이 어떨까?", "만약 네가 놀잇감을 사용하고 싶은데 다른 친구가 다 써서 놀 놀잇감이 없다면 어떨까?" 일상생활 속에서 상대방의 마음을 추론하여 생각해 보는 것이 필요하다. 유아 자발적으로 하기 다소 어려운 질문임에도 계속 질문하는 이유는 2학기 말쯤 되면 교사 대신 "지우야, 네가 만약 자동차 가지고 놀이하려는데 자동차가 없으면 어떤 마음이 들겠어?"라고 물어보는 꼬마 선생님들이 생겨나기 때문이다.

질문을 잘하는 사람이 되려면 호기심과 질문하고자 하는 적극성이 필요하다. 유아들과 놀이하면서 느끼는 것은 그들에게 적극성은 이미 충분하다는 것이다. 그래서 나는 유아의 생각이 자라는 질문이 뭘까 함께 고민하고, 그들에게 마이크를 넘긴 후 기다려주는 선생님이 되어 함께 놀이한다. 그렇게 만들어지는 놀이는 교사가 매끈하게 닦아놓은 놀이보다는 울퉁불퉁하지만 그래서 더 재미있다. 유아의 질문을 타고 펼쳐지는 예측할 수 없는 놀이 덕분에 우리 교실에서는 지금도 다양한 질문이 넘친다.

디지털을 활용하는 놀이

디지털 교육의 첫 단추

첫해, 나의 가장 큰 고민은 내가 만난 유아들이었다. 처음 맡은 학급에는 미디어 과의존 경향을 보이는 아이들이 여럿 있었기 때문이다. 대체로 언어 발달은 더디지만 미디어에서 자주 듣던 반복적 문구인 "구독, 좋아요. 눌러주세요~"는 유창하게 말하는 아이, 지나치게 산만하여 주의집중이 어려운 아이, 또래와의 관계에서 폭력성이 드러나는 아이 등 다양한 모습이 있었다.

서툴렀지만 열정만은 넘쳐났기에 임용 첫해, 그 아이들을 어떻게든 도와주고 싶었다. 그래서 늘 유아의 곁에서 스마트폰, 태블릿PC를 과하게 보지 말라고 지도했고, 학부모와 소통하며 유아의 일상 속에서 미디어를 보는 시간을 줄일 방법을 함께 모색했다. 마치 전쟁 같은 한 해였다. 내 안에 미디어에 대한 부정적인 인상이 뿌리내린 것도 어찌 보면 당연한 결과였다.

그다음 해, 나의 옆 반에는 디지털 수업에 깊은 관심을 가진 선생님이 있었다. 그 선생님은 여러 선생님들의 디지털 놀이 사례를 관심 있게 연구했고, 함께 놀이에 대해 이야기를 나누며 자연스럽게 디지털 기기를 활용한 수업 사례도 들려주었다.

옆 반에서 편의점 놀이가 시작되었다. PPT의 하이퍼링크를 활용해 무인 편의점 키오스크를 만들 예정이라고 했다. 선생님이 보여준 태블릿PC 속 키오스크는 그럴듯했다. '놀이하며 일상 속에 있는 이런 기기를 반영한다면 놀이가 더 실감나지 않을까?' 하는 생각이 머리를 스쳤다. 그 후 해당 학급에서는 편의점 놀이에 관심이 없던 유아들까지 편의점 놀이에 몰려들었다고 했다. 그 이야기를 듣자 미디어를 잘만 활용하면 놀이가 풍성해질 수 있다는 확신을 가지게 되었다. 그러다 보니 미디어를 부정적으로만 보던 나의 시선도 바뀌기 시작했다.

함께한다는 것은 결국 서로가 서로에게 물드는 일. 나도 덩달아 디지털 수업에 관심을 가지게 되었다. 그리고 어느새 수업을 준비하며 스스로에게 이렇게 묻는 교사가 되어 있었다.

"우리 반 놀이를 위해 내가 활용할 수 있는 디지털 매체는 없을까?"

디지털 교육을 통해 우리가 나아갈 방향

교육은 방향과 목적이 중요하다. 이를 위해서는 무엇보다 그 교육에 대한 올바른 이해가 선행되어야 한다. 디지털 교육도 마찬가지다. 디지털 교육의 목표를 세우려면 우선 디지털 교육에서 무엇이 중요한지를 이해해야 한다. '디지털 교육' 하면 무엇이 떠오르는가? 나의 경우 과거 경험 때문인지 가장 먼저 미디어 과의존 예방 교육이 떠올랐다. 내가 떠올린 '디지털 사용 안전과 관련한 지식, 기술, 태도 및 가치'는 교육부에서 발간한 『유아의 균형 있는 디지털 역량을 기르기 위한 교육 자료』 속 디지털 역량 항목 가운데 '디지털 안전과 건강한 습관'에 해당한다.

이 장학 자료에 따르면 모든 교육이 그렇듯 디지털 교육 역시 한쪽으로 치우치지 않고 균형 있게 이루어져야 한다. 디지털 역량은 앞서 말한 디지털 안전과 건강한 습관뿐 아니라 디지털 작동 및 사용에 대한 이해, 디지털 미디어 창작 및 감상, 디지털 문제해결력과 사고력, 디지털 사회정서, 디지털 소통과 참여까지 포함한다.

나는 한때 '디지털 안전과 건강한 습관'만이 디지털 교육의 핵심이라 여겼기에 디지털 기기를 사용하는 것에는 다소 부정적이었다. 그러나 연구와 자료를 통해 디지털 교육의 의미를 폭넓게 이해하고 나니 수업 속에서 디지털 매체와 기기를 더욱 자유롭게 활용할 수 있게 되었다.

디지털 교육은 안전과 습관에만 머무는 것이 아니라, 다양한 역량을 아우르는 폭넓은 개념임을 알아야 한다. 혹시 예전의 나처럼 디지털 교육이 다소 부담스럽게 느껴지는 분들이 있다면, 먼저 디지털 교육의 의미와 그 안에 담긴 주요 역량을 차근차근 짚어보길 권한다.

나의 디지털 교육

어느 날, 동료 교사들과 함께 디지털 교육을 하며 느낀 어려움에 대해 이야기를 나눈 적이 있다. 나의 경우 심리적 장벽 때문에 디지털 교육에 쉽게 다가가기 어려웠다면, 또 다른 선생님은 기술적 장벽이 있어 힘들다고 했다.

교대를 마치고 교무실에서 일을 하고 있노라면 "선생님!!!" 하는 다급한 목소리가 들린다. 십중팔구 디지털 기기를 다루다 뭔가 작동이 되지 않아서 부르는 것이다. 선생님께선 "나는 디지털을 정말 못 다뤄요. 망가뜨릴까 봐 겁나요."라고 말하기도 했었다. 디지털 기기나 앱을 다루는 것이 서툴더라도 그 누구보다 수업에 열정이 넘치는 선생님이다. 그렇기 때문에 오며 가며 디지털 기기를 다루는 내 수업을 보면서 새로운 것을 배우려고 노력했다. 그러던 어느 날, 수업 협의를 위해 모인 자리에서 과거와 접목하여 도입을 멋지게 하고 싶다는 선생님의 고민에 AI 기술을 활용해서 보호자의 옛날 사진을 움직이는 것처럼 만들 수 있다는 것을 알려드렸다. 그렇게 우리는 협력했고 선생님의 수업은 멋지게 꽃피었다. 성장은 그 수업에만 국한되지 않았다. 그 선생님은 이제 영상 편집도, 캔바 활용도 잘하는 선생님이 되셨으니 말이다.

이처럼 기술적 장벽은 함께 도우며 충분히 극복할 수 있는 것! 서로 기술을 나누다 보면 자연스럽게 모두의 디지털 교육 역량이 한층 증진된다. 나는 주로 간단한 기술 한두 가지, 또는 기기와 프로그램을 융합하여 놀이 지원에 활용하곤 한다. 뒤에 이어질 놀이 이야기 속에서 내가 사용한 간단한 기술들을 함께 나누고자 한다.

① 유아 작품이 포스터 속으로! : 캔바나 미리캔버스, PPT 활용하기

나는 교실에 유아의 작품을 활용하여 놀이 맥락에 맞는 포스터나 티켓, 책자 등을 제작해 비치한다. 이렇게 유아의 작품을 활용하여 놀이 소품을 만들면 유아들은 놀이에 더욱 몰입하게 된다. 이런 소품은 대통령 선거 놀이의 공보물이 되기도 하고, 곤충 축제의 포스터가 되기도 한다.

2022 유아와 만든 포스터

2022년 여름, 우리 지역에서는 곤충 축제가 한창이었다. 유치원에서도 지역사회와 연계하여 곤충 축제 입장권을 배부했는데, 주말이 지나자 축제에 다녀온 유아들의 얼굴에는 웃음꽃이 가득 피어났다. 경험은 곧 놀이로 이어졌다. 유아들은 "곤충 축제 놀이해요!"라고 의견을 모았다. 이럴 때 나는 캔바, 미리캔버스, PPT를 활용해 놀이에 생동감을 더한다.

당시 우리 반 아이들은 직접 포스터를 만들어 다른 반 친구들을 초대하고 싶다고 했다. 그래서 우리 반은 곤충 축제 포스터 제작에 나섰다. 곤충을 표현하려면 관찰이 먼저! 우리는 유치원 뒤편, 해소의 숲으로 향했다. 유아들은 메뚜기와 여치를 발견하여 다리와 머리를 관찰했다. 색깔을 관찰한 유아도 있었고, 더듬이 방향이 다르다며 보여준 유아도 있었다. 숲에서 산책하며 여러 곤충을 관찰하자 집에서 돌보고 있는 곤충들 이야기도 나왔다. 그렇게 교실로 돌아와 아이들은 저마다 곤충을 표현하는 데 몰두했다. '아이들이 그림을 그려오면 스캔해서 만들면 되겠지' 하고 생각하고 있을 때 한 아이가 다가와 물었다. "선생님, 저는 그림 말고 다른 걸로 해도 돼요?" "그럼! 당연하지. 뭐로 만들 거야?"라고 되묻자, 교실 한편에 놓여있던 빨대 블록을 꺼내 무언가를 만들기 시작했다. 그리고 곧 여치 모형이 완성되었다. 그렇게 만들어진 여치는 친구들이 그린 멋진 그림과 함께 포스터 속으로 쏙 들어갔다.

이렇게 유아가 직접 만든 블록 구성물이나 그림, 교사의 손길이 살짝 더해진 포스터와 티켓은 놀이 속에서 즉각적인 반응을 불러일으킨다. "우와 진짜 같아요!" 아이들의 탄성과 함께 놀이는 더욱 깊어졌다. 그렇게 교실에서 신나게 놀이를 이어가다 교무실로 가면 종종 "선생님 그 포스터(명함, 책자 등) 어떻게 만든 거예요?"라는 질문을 받곤 한다. 나만의 비법 같지만 사실 만드는 방법은 아주 간단하다.

놀 궁리 한 뼘 더! 캔바, 미리캔버스, PPT 활용하여 포스터 만들기

1. 활용하고 싶은 유아의 작업물을 사진으로 남깁니다.

블록과 같은 입체물은 직접 사진을 찍고, 그림은 복합기를 활용해 jpg로 스캔하면 좋아요! 복합기가 없을 경우 사진으로 찍어도 좋아요.

2. 배경을 제거합니다.

아래의 메뉴를 누르면 자동으로 제거돼요. 지우고자 하는 부분이 남거나, 남겨야 하는 부분이 지워졌을 경우 배경 제거를 한 번 더 클릭하여 수동으로 조정하면 돼요.

▶ 캔바 : 이미지 클릭 후 상단의 배경 제거 클릭

▶ 미리캔버스 : 이미지 클릭 후 상단의 배경 제거 클릭

▶ PPT : 이미지 클릭 후 그림서식 클릭 〉 배경 제거 클릭
- 아직까지는 깔끔한 배경 제거는 어려워요.

3. 포스터(티켓, 책자 등)의 목적을 고려하여 적절하게 배치한 후 인쇄합니다.

유아와 함께 이야기 나누며 배치할 경우 유아가 프로그램의 활용법을 간접적으로 익히기도 해요!

② 기기와 기기를 연결하면 새로운 효과가 생긴다 : TV와 스마트 기기 연동

스마트폰, 태블릿PC를 TV와 연결하면 놀이 지원에 다양한 가능성이 열린다. 공간의 한계를 뛰어넘을 수 있기 때문이다. 이는 곧 거리 제한이 없는 실물화상기가 되기도 하고, 각종 앱을 함께 공유하여 놀이를 확장하는 도구가 되기도 한다.

핸드폰 미러링으로 화면 공유

보통 실물화상기는 본체와 선을 통해 연결되어 있다. 핸드폰의 미러링 기능을 사용하면 교실 뒤편이나 복도까지 이동하여 핸드폰 속 화면을 TV로 크게 볼 수 있다. 이렇게 핸드폰은 '거리 제한 없는 실물화상기'가 된다. 이는 주로 보호자 참여수업이나 이야기 나누기 활동에서 유용하다. 우리 유치원은 복도가 넓은 편이라 보호자 참여수업을 할 때 교실 안에 모두를 수용하기보다는 복도 공간까지 활용하는 것이 효과적일 때가 있다. 하지만 이렇게 공간을 확장하다 보면 한 가지 문제가 발생한다. 복도에 머무는 보호자가 교실과 단절된다는 점이다.

이 문제를 보완하기 위해 복도와 연결된 창문을 떼어내고, TV와 스마트폰을 연결한 뒤 카메라 앱을 켠다. 그러면 내 스마트폰 카메라에 비친 화면이 TV 화면에 그대로 송출된다. 필요할 때는 녹화를 하거나 사진을 찍기도 하지만, 단순히 비추는 것만으로도 충분하다. 이렇게 연결하면 공간의 단절을 자연스럽게 해소할 수 있다.

유아의 작품을 공유하며 이야기를 나눌 때도 마찬가지다. 작품을 보며 앉아서 이야기를 나누기도 하지만, 그것만으로는 부족할 때가 있다. 작품이 너무 커서 앞에 들고 올 수 없거나 이동하면 와르르 무너지기 쉬운 것들일 때 말이다. 모두 함께 그 작품 앞에 이동하여 볼 수도 있지만, 너무 좁거나 쉽게 부서질 것이 우려될 경우 이와 같은 미러링 기능이 유용하게 쓰인다.

태블릿PC 속 PPT를 삽입하여 놀이와 연결할 수도 있다. 복도에 태블릿PC를 비치해 아이들이 직접 조작하도록 하여 교실과 복도를 연결하며 '배달의 별님' 놀이를 펼칠 수 있었다.

기관마다, 학급마다 구비된 장비에 차이가 있겠지만, 만약 태블릿PC나 스마트폰을 사용하고 있다면 속는 셈 치고 교실 속 TV 전원을 켠 후 'Smart View'를 눌러보길 권한다. 만약 연동되는 기기라면 나의 태블릿PC(혹은 스마트폰) 화면이 교실 TV에 곧바로 연결되며 아주 간단하게 새로운 세계가 열린다. Apple사의 제품이라면 구글 크롬을 활용해 연결하면 된다.

③ 태블릿PC로 계산기, 놀이용 앱 만드는 법

놀이를 하다 보면 문득 이런 상상을 하게 된다.

"영화관 예매 키오스크나 배달 앱을 놀이 속에 그대로 구현할 수 있다면 얼마나 재미있을까?"

실제로 일반적인 키오스크를 놀이에 도입할 때에는 애플리케이션 숍에서 '교육용 키오스크'를 검색해 설치하면 활용할 수 있다. 하지만 이 애플리케이션만으로는 모든 놀이 상황을 수용하기 어렵다. 그럴 때 교사가 활용할 수 있는 방법이 바로 PPT의 하이퍼링크 기능이다.

예전에 우리 반에서 놀이동산 놀이를 할 때였다. 유아의 상상을 현실 속에 담아내는 과정을 즐겼던 나는 놀이동산의 이름도 특별하게

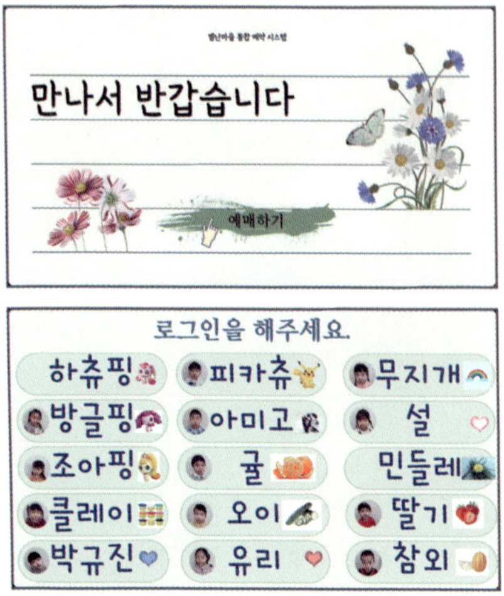

예약 시스템 PPT
[예약하기]를 누르면 로그인 페이지로 넘어간다.

짓고 싶었다. 입장권에도 그 독특한 이름을 담고, 키오스크도 진짜처럼 실감나게 만들고 싶었다. 그런데 시중의 키오스크 앱은 내가 원하는 느낌을 살리기가 어려웠다. 그래서 나는 PPT로 입장권 발매 키오스크를 직접 제작했다. 키오스크 화면 속 자신이 설정한 별명을 담은 입장권이 나타나자 아이들은 흥분을 감추지 못하며 놀이에 빠져들었다.

이 경험은 자연스럽게 또 다른 놀이, '배달의 별님'으로 이어졌다. 복도에서 아이스크림과 빵을 주문하면 교실 속 가게에서 배달을 해주는 방식이었다. 놀이가 확장되는 과정과 아이들의 반응은 뒤쪽에 담긴 놀이 기록에서 확인할 수 있다.

④ 크로마키 활용 : 직접 경험할 수 없는 세계로 유아를 데려가는 법

"크로마키가 뭐예요?"라는 질문을 종종 받는다. "초록색 천을 사면 되나?"라는 질문도 덩달아 따라온다. 크로마키란 특정 색상을 투명하게 처리하여 다른 영상이나 이미지를 합성하는 기술을 말한다. 사람의 피부색이나 머리카락 색, 입술색 등을 고려할 때 흔치 않은 파란색이나 초록색을 주로 사용할 뿐이다. 그러니 반드시 초록색일 필요는 없다. 그저 합성이 들어가야 할 부분을 한 가지 색상으로 통일하면 된다. 유아가 흰색 옷을 입지 않았다면 깔끔한 흰 벽도 크로마키를 적용할 수 있는 배경이 되는 것이다. 크로마키는 영상 편집을 할 때 사용하기도 하고, 줌을 통해 실시간으로 연결하여 가상 배경을 활용할 때 사용하기도 한다. 영상 편집에 크로마키를 사용할 경우 편집 탭에 '크로마키'라고 적혀있는 경우가 많다. 해당 버튼을 활용하여 지우고자 하는 색상을 스포이드로 선택하면 해당 색깔이 투명하게 지워진다.

이 기술을 교육 현장에서 활용하면 유아의 상상력을 실현해 주는 도구가 된다. 예를 들어, 영화를 만들 때 크로마키를 사용한다면 아이들이 떠올린 상상의 장소로 유아를 보내줄 수 있다. "뮤(포켓몬이다)가 하늘을 날아서 친구를 도와주는 거예요."라는 다소 엉뚱한 시나리오조차 실제 화면 속에서 구현할 수 있다. 줌을 통해 실시간으로 놀이를 할 때도 활용할 수 있다. 놀이하는 유아의 뒤편에 초록색 스크린을 두고 가상 배경을 설정하면 마치 유아가 진짜 그 장소에 있는 것처럼 만들어줄 수 있다. 이 기능을 활용한 놀이 사례는 '바다 놀이'에 담겨있다.

⑤ AI 기술 활용하기 : Suno, ChatGPT, 네이버 클로바 더빙

AI 기술의 발전을 통해 생활이 많이 바뀌어 가는 것처럼, 교실 속 놀이도 바뀔 수 있다. 교실 속 AI 활용의 예로 언급이 많이 되는 Suno와 ChatGPT의 활용법과 내가 자주 사용하는 AI 기술인 네이버 클로바 더빙을 소개한다. Suno의 경우 디지털 활용을 주제로 한 연수에서 빠지지 않고 언급이 되는 듯하다. 가사를 넣으면 AI 기술을 활용해 노래를 만들어주는 외국계 사이트다. 로그인을 한 후 원하는 노래의 분위기를 넣기만 하면 노래가 제작된다. 간단한 조건들로 제작하려면 상단에 있는 Simple을 선택하고 'describe your song(노래 묘

사)'의 입력 칸에 원하는 분위기나 노랫말 주제를 넣으면 된다. 제작하려는 노래의 방향이 조금 더 명확하다면 상단에 있는 custom을 눌러 제작하면 된다. 'Lyrics(노랫말)' 칸에 노랫말을 입력하고, 원하는 분위기를 적으면 노래가 만들어진다. Suno로 만들어진 노래는 비상업적으로 활용할 수 있으나, 상업적 이용을 하려면 유료 결제가 필요하다.

ChatGPT는 이야기 나누기 한 결과를 정리하여 간단한 시나리오나 노랫말로 생성한다면 교사의 업무 피로도를 줄이면서 양질의 결과물을 낼 수 있는 확률이 증가한다. 다만, 유아의 민감한 개인자료나 공문서 등을 입력할 경우 인공지능이 학습하거나 유출될 우려를 배제할 수 없으므로 그 경중을 잘 따져서 활용해야 할 것이다. 이와 같은 자료 생성 외에도 대화하며 자료를 습득하기 위한 매체로도 접근이 가능하다. 유아들이 그림책이나 일상생활에서 접할 수 없는 정보를 습득하기 위해 함께 경험해 보는 것이다. 이 경우 ChatGPT가 임의로 생성한 가짜 정보가 섞여있을 수 있다는 점과 질문을 통해 얻은 정보가 진짜 정보인지 검증하는 과정까지 유아와 함께하는 것을 추천한다. 디지털 역량에는 질문을 통해 답을 얻는 것만큼, 얻은 정보가 옳은지 적절하게 판단하는 능력도 중요하기 때문이다.

네이버 클로바 더빙에는 입력한 문자를 목소리로 바꾸어주는 기능이 있다. 작년 학기 초 심하게 감기에 걸린 나는 유아들에게 책을 읽어주고 싶었지만 목소리가 나오지 않았다. 이때 활용했던 것이 네이버 클로바 더빙이다. 책의 문구를 입력하면 목소리로 변환된 mp3를 다운로드할 수 있다. 학급 내에서 사용하는 교육용 영상을 제작할 때, 더빙이 필요할 때도 유용하게 활용할 수 있다. 월마다 무료 횟수가 제한되어 있긴 하지만 교육용으로 쓰기엔 무리가 없다. Suno와 마찬가지로 상업용으로 사용할 경우 저작권의 주의 및 유료 결제가 필요하니 해당 지침을 확인 후 사용하길 추천한다.

⑥ 끊임없이 발전하는 기술을 활용하는 법

기술은 끊임없이 발전한다. 아마 이 책의 원고를 작성하고 출간하기까지 검토하는 그 몇 달 사이에도 계속해서 발전할 것이다. 그렇다면 어떻게 하면 최신 기술을 따라갈 수 있을까? 바로 적극적인 탐색과 정보 검색에 그 답이 있다.

우선, 디지털 발전에 대한 소식에 귀를 기울인다. 최근 논란이 되고 있는 딥페이크나 인공지능과 같은 기술이 발전하며 각종 뉴스가 쏟아져 나온다. 기술 발전의 폐해에 대해 논하는 것도 있고, 신기술에 대해 알리는 뉴스도 있다. 이런 기술에 관심을 가지고 정보를 습득하다 보면 새로운 기술을 사용할 때 주의해야 할 점, 새로운 기술이 할 수 있는 것들에 대해 자연스럽게 알게 된다. 만약 해당 분야의 뉴스를 찾아보는 것이 번거롭다면 각종 관련 연수에 참석하는 것도 좋은 방법 중 하나다.

이렇게 정보가 습득되면 이제는 응용이다. '나의 수업에 이 기술이 접목될 수 있는 것이 있나?' 고민하며 검색해 보는 것이다. 이미지 생성 AI라든지 이미지 합성 AI 등 필요한 키워드를 검색하면 사이트 접근은 쉽다. 정확한 사이트명을 입력하지 않아도 각종 사이트가 조회되니 차근차근 읽어보고 겁내지 말고 도전하길 바란다. 모든 도전에서 '각종 사이트에서 개인정보를 수집하는 것이 있는지, 악용될 우려는 없는지' 확인하는 것만 잊지 않는다면 도전은 그 자체로도 의미가 있다.

놀이 지원에 디지털 기기를 사용한다는 것

디지털 기술을 수업에 적용하기 위해 가끔 엉뚱한 상상을 하곤 한다. 그리고 이런 상상을 실현하기 위해 노력하다 보면 나의 디지털 수업 역량이 나날이 증진되고 있는 것을 느낄 수 있다. 장학 자료가 쏟아지고 여기서도 저기서도 디지털 수업에 관한 연수가 쏟아지는 지금, 뒤처지지 않기 위해 조급함이 들지도 모르겠다. 그러나 이런 조급함이 든다면 한 템포 쉬어가길 제안한다. 복잡해 보이지만 결국 큰 틀에서 보면 디지털 또한 하나의 교수·학습 매체에 불과하다. 교수 매체의 작동법은 느리든 빠르든 익히자면 익힐 수 있다. 조금 부족하면 동료 교사와 함께하면 된다. 중요한 것은 나의 수업, 나의 학급에 적합하게 적용하는 것, 나만의 해석을 곁들여 우리 반에 딱 맞는 수업을 하는 것 아닐까? 그러니 편안한 마음으로 이런 저런 상상력을 곁들여 다양한 시도를 해보길 바란다. 그런 시도가 우리를 디지털 수업 역량 신장의 길로 이끌 것이다.

역량이 자라는 유·초 이음교육

초등학교 하면 무엇이 떠오를까?
Inside out(변화, 기대, 설렘, 두려움, 걱정, 기다림)

유치원에서 다섯 살, 즉 초등학교에 가기 직전의 유아는 발달적으로 초등학교 저학년 아동과 연속선상에 있다. 유치원에서 생활하고 있지만 신체, 사회, 언어, 정서적 측면에서 초등학교 저학년과 유사한 점이 많다. 이들은 유치원에서 가장 적극적인 놀이참여자이자 유능한 놀이개발자이기도 하다. 동생들을 도와주고 배려하며 자신의 놀이에 흔쾌히 초대해 주는 의젓하고 멋진 언니, 오빠들이다. 자존감 높고 유능감을 맘껏 뽐내는 다섯 살 유아가 유치원 일상 속에서 종종 진지한 표정으로 묻는 질문이 있다. 바로 초등학교 생활에 대한 궁금증이다. 유아는 다양한 감정을 담아 조심스럽게 질문한다.

"초등학교 가면 공부 많이 해야 해요?"
"선생님이 무서울 것 같아요."
"쉬는 시간에 운동장에서 실컷 놀 수 있어요?"

아이들의 질문을 듣다 보면 초등학교라는 새로운 환경을 앞두고 겪는 설렘과 기대, 두려움과 걱정, 기다림까지 다양한 감정을 느낄 수 있다. 초등학교에 가고 싶고 궁금하기도 하지만, 유치원에서의 생활과 급격히 달라지는 변화에 대한 두려움도 만만치 않다. 여기에 부모나 교사, 주변 어른들의 "이렇게 하면 초등학교 가서 어떡할래?", "유치원과 초등학교는 달라."라는 말이 더해지며, 아이들에게 초등학교는 가까운 듯하면서도 심리적으로 멀게만 느껴지는 곳이 되곤 한다.

그렇다면 유아가 초등학교로의 전이 과정에 긍정적으로 적응하도록 돕는 방법은 무엇일까? 다른 나라는 초등학교 입학 직전 단계의 유아에게 어떤 지원을 하고 있을까?

UN 지속가능발전목표(SDG) 4.2.는 모든 영유아에게 양질의 교육 경험을 제공하고, 초등교육 준비를 잘할 수 있는 기초를 마련하는 것이 중요하다고 강조한다. 이러한 흐름 속에서 세계 여러 나라는 유아의 초등 전이 과정을 돕기 위하여 교육 기반을 마련하여 운영하고 있다.

핀란드의 사례를 살펴보자. 핀란드 유아교육의 기본 방향은 모든 유아에게 평등한 교육을 제공하는 것이다. 핀란드의 경우 우리나라보다 1년 늦게 초등학교에 입학하며, 초등학교 입학 전 1년은 '유·초 연계 이음 학년'을 운영한다. 또한 유치원과 초등학교의 교육과정을 일관성 있게 연계하여 같은 시기에 개정하고 있다.

스웨덴 역시 초등 취학 전 1년 과정을 '전이기'로 운영하며, 이 시기에 유아의 기본생활습관 및 문해력 교육을 강화한다.

우리나라에서도 세계 영유아교육의 동향, 유아교육의 중요성, 유아의 발달, 그리고 현장의 요구에 따라 '이음교육'의 필요성이 점차 강조되고 있다. 교육부는 「제3차 유아교육발전기본계획(2023~2027년)」에서 교육과정 및 방과후과정 내실화 추진 과제 중 하나로 유아교육–초등교육 간 연계성 강화를 국정과제로 선정하였다. 이에 따라 유아교육 현장에서는 시범사업과 유·초 연계 이음학기 운영 등을 통해 유·초 이음교육을 시행하고 있다.

궁금한 유·초 이음교육, 왜 중요할까요?

유아교육은 생애 교육의 토대가 되며 양질의 영유아기 경험을 제공하는 가장 중요한 시기의 교육이다. 교육과정과 연계하여 실시하는 이음교육은 유아교육의 국가책임을 강화하여, 모든 유아가 격차 없는 출발선에서 사교육 없이 초등학교에 적응할 수 있도록 돕는 교육이다.

OECD에 따르면 "영유아기 학습은 다른 어떤 요인보다 이후 교육적 성공을 더 잘 예측하며, 특히 취약계층 유아에게 더욱 효과적"이라고 한다. 이러한 특성을 고려할 때, 유아는 유치원·어린이집·초등학교 어디에 있든 발달과 학습 경험의 연속성을 보장받을 권리가 있고, 교사, 부모, 기관, 지역사회는 협력하여 이를 함께 지원할 책임이 있다.

즉, 유·초 이음교육이란 유아의 건강한 성장과 발달을 위해 유치원에서 초등학교로 이어지는 연계, 전이, 적응 과정이 원활히 준비·연결되도록 유아, 교사, 부모, 기관, 지역사회가 서로 협력하여 실천하는 모든 교육적 지원을 의미한다(교육부·전국 17개 시·도 교육청, 2024).

걱정 말아요! 유·초 이음교육으로 자라는 기초역량

유치원에서 이음교육을 한다고 하면 부모들은 대체로 반가워하며 기대한다. 부모들은 수학, 글자 익히기 등 초등학교 선행교육을 이음교육으로 오해하여 기대하는 경우가 많기 때문이다. 따라서 유·초 이음교육이 단순히 초등학교 선행교육을 준비하는 것이 아니라 자녀의 초등학교 적응을 돕는 과정임을 인식할 수 있도록 유치원뿐만 아니라 시·도 교육청에서도 지속적인 홍보와 안내가 필요하다.

초등학교 입학 후 적응이 어려운 이유는 무엇일까?

육아정책연구소 설문조사에 따르면 유아 교사는 학습 환경의 차이(35.8%)를, 초등학교 교사는 기본생활습관 및 사회성 준비 부족(65.4%)을 초등학교 적응을 어렵게 하는 가장 큰 요인으로 꼽았다.

그렇다면 유아는 유치원에서 이음교육을 통해 어떤 준비를 할 수 있을까?

교육부 이음교육 장학 자료에는 "유아가 이음교육 기초역량을 향상시킴으로써 초등학교로의 전이 과정에 적응하고 준비할 수 있다."라고 명시되어 있다. 이음교육 기초역량은 유아가 주도하는 놀이와 활동, 일상생활을 통해 습득하는 지식, 기술, 태도 및 가치의 총합이며, 이는 유아가 자신의 삶에서 유능함을 발휘할 수 있는 능력이다.

유·초 이음교육 기초역량 네 가지는 다음과 같다.

- **신체운동 기초역량 :** 독립적인 생활을 위한 자조기술과 기초체력 및 운동능력
- **생애학습 기초역량 :** 학습에 필요한 인지적 성향, 발현적 문해력, 발현적 수리력
- **자기조절 기초역량 :** 학습·생활·문제해결을 위한 작업 기억, 인지적 유연성, 통제력
- **사회정서 기초역량 :** 사회적 관계를 증진시켜 주는 공감, 신뢰, 친사회적 행동

이러한 유·초 이음교육 기초역량은 유치원 교육과정 안에서 놀이를 통해 통합적으로 길러질 수 있다.

유·초 이음교육, 이렇게 운영합니다

먼저 유·초 이음교육 운영의 구체적 단계를 살펴보자. 이음교육의 운영은 일반적으로 1년 또는 1학기 과정으로 계획되며, 준비, 설계, 운영, 평가 단계로 이루어진다.

- **준비 단계 :** 참여기관을 연계하고 이음교육 환경을 조성한다. 담당 업무 및 예산을 계획하며 기관의 현안을 진단 및 분석한다.
- **설계 단계 :** 국가수준 교육과정과 연계하고, 유치원-초등학교 상호 교육과정을 이해하는 협의 시간을 갖는다.
- **운영 단계 :** 주제, 시기, 시간의 운영 방식, 이음교육의 주체, 초등학교와의 연계 방식을 결정한다. 유아 교사와 초등학교 교사가 함께 전문적 교사학습공동체를 구성하여 컨설팅을 실천한다.
- **평가 단계 :** 유아(학생)의 누리과정, 교사 이음교육 운영 과정, 보호자 만족도까지 종합적으로 조사하고 평가한다.

유·초 이음교육은 운영 방식이 다양하다. 설계-편성 유형에 따라 유치원 내에서 유아들끼리 진행될 수도 있고, 초등학생과 협력하여 통합적으로 운영하는 방식도 있다. 즉, 이음교육은 기관 상황과 목표에 맞게 다양한 방식으로 운영될 수 있으며, 설계 단계에서 어떻게 운영할 것인지 편성 유형을 충분히 고려하는 것이 중요하다.

이음교육은 설계, 편성 방식에 따라 크게 네 가지 유형으로 나눌 수 있다.

1. **기본형 :** 기초역량에 중점을 둔 놀이, 일상생활, 활동으로, 유치원 내에서 상시적으로 이루어진다. 교육과정과 연계한 놀이나 연령이 다른 학급과 연계하여 이루어지는 원내 이음 놀이가 해당된다.
2. **집중형 :** 특정 기간 동안 기초역량에 중점을 두고 이음교육을 실시하는 유형으로, 각 시·도 교육청에서 시범사업으로 실시하는 '유·초 연계 이음학기'가 대표적 사례다.

3. **창의적 체험활동 연계형** : 초등학교와 협의하여 초등학교의 창의적 체험활동 시간에 맞추어 운영된다. 대면, 비대면, 공동, 통합의 방식으로 운영할 수 있다. 이때 초등학교 범교과 학습 주제(안전·건강 교육, 인성 교육, 진로 교육, 민주시민 교육, 인권 교육, 다문화 교육, 통일 교육, 독도 교육, 경제·금융 교육, 환경·지속가능발전 교육)와 연계하여 운영할 수 있다.
4. **통합교과 연계형** : 초등학교 통합교과 시간을 활용하는 방식이다. 대면, 비대면, 공동, 통합 등의 방식으로 진행할 수 있으며, 초등학교 통합교과 주제와 유치원 놀이 주제를 연계하여 함께 정한다.

같이의 가치, 그 이름은 유·초 이음교육

단샘유치원은 2023학년도 경상북도교육청 유·초 이음교육 정책연구학교로 지정되어 2년간 시범학교를 운영하게 되었다. 정책연구학교로 지정된 당시 유·초 연계 교육, 전이교육, 이음교육 등 다양한 이름으로 불리며 시범사업이 막 활성화되던 시점이었다.

그러나 연구학교로 지정은 되었어도 막상 이음교육을 실제로 운영하려니 막막했다. 가장 큰 문제는 협력할 초등학교를 선정하는 일이었다. 초등학교와 한 공간을 쓰는 병설유치원과는 달리, 단설유치원은 독립된 공간에서 독자적으로 운영되다 보니 초등학교와 물리적인 거리가 있었다. 공문을 보내고 협조를 요청했지만 협력을 이끌어내는 것은 쉽지 않았다. "어차피 초등학교에 입학해서 시간이 지나면 다 적응한다"라는 이음교육 중요성에 대한 인식 부재, 바쁜 학교 업무, 그리고 예비 신입생에게까지 미처 닿지 못한 관심 등 여러 요인이 겹쳐 초등학교에서는 유·초 이음교육이 당장의 우선 과제가 아니었던 것이다.

하지만 초등학교의 협조 없이는 운영이 어려운 유·초 이음교육의 특성상 우리 원 유아들이 가장 많이 취학하는 초등학교에 지원을 요청하게 되었다. 다행히 교장선생님께서 유·초 이음교육의 필요성에 대해 깊이 공감해 주셨고 초등학교 선생님들의 협조 덕분에 어렵게 연구학교로서의 첫발을 내딛을 수 있게 되었다.

역량이 자라는 유·초 이음교육 놀이 사례

"유·초 이음교육은 초등학생과 만나서 해야죠."

유·초 이음교육을 운영하면서 가장 많이 들었던 질문이며 나 역시 스스로 가장 오랫동안 고민했던 부분이었다.

2023년, 정책연구학교를 시작하던 당시에는 이음교육의 편성 유형이나 기초역량이 아직 명료하게 정의되지 않은 상태라 운영을 하는 입장에서도 늘 우왕좌왕할 수밖에 없었다. 유·초 이음교육이니까 초등학생과 만나기는 해야 할 텐데…. 그러나 매번 만나서 무언가를 같이 하기에는 교육과정이 서로 다른 유치원과 초등학교의 일정을 맞추기가 현실적으로 어려웠다.

그럼에도 불구하고 우리는 다양한 시도를 이어갔다. 유치원 안에서 기초역량에 중점을 둔 원내 놀이를 운영하기도 하고(반드시 초등학생과 만나서 운영하지 않아도 된다), 초등학교의 물리적 공간을 활용하기도 했다. 또 초등학교 창의적 체험활동 시간을 통합하여 함께하는 공동놀이를 계획하거나, 유아 교사와 초등학교 교사 간 전문적 학습공동체를 구성하여 교육과정과 유아, 아동 발달을 연구하기도 했다. 점차 이음교육의 중요성에 대한 공감대를 형성하고 서로의 교육과정을 연구하며 조금씩 앞으로 나아갔다.

그렇게 탄생한 유·초 이음교육 놀이와 활동을 소개한다.

1) 원내 이음 DAY

- 시기 : 상시
- 편성 유형 : 기본형
- 주제 : [단샘 국회의원 선거]

2024년 4월 10일, 제22대 국회의원 선거가 열렸다. 우리 동네 곳곳에 걸린 후보자 현수막과 선거 유세를 펼치는 선거운동원들의 모습은 유아들의 호기심을 자극하기에 충분했다. 선거에 대한 아이들의 관심을 적극 반영하여 우리만의 단샘 선거가 시작되었다.

아이들은 팀별로 당 이름을 정하고 당 후보를 선출하여 선거 유세를 시작하였다. 선거운동은 우리 반 안에서만 하는 것이 아니었다. 유치원 모든 반을 돌아다니며 투표를 할 유권자를 만나 명함을 나누어 주고 열띤 유세를 펼쳤다. 단샘을 대표할 국회의원이 되려면 어떤 공약을 내세울지 알아보고 자기만의 공약을 만들고 선거송도 제작하여 신

선거 유세

선거 명함 제작

나는 선거 놀이를 하였다. 시간이 지날수록 선거운동은 열기를 더해갔고 우리가 정한 선거 날이 되었다.

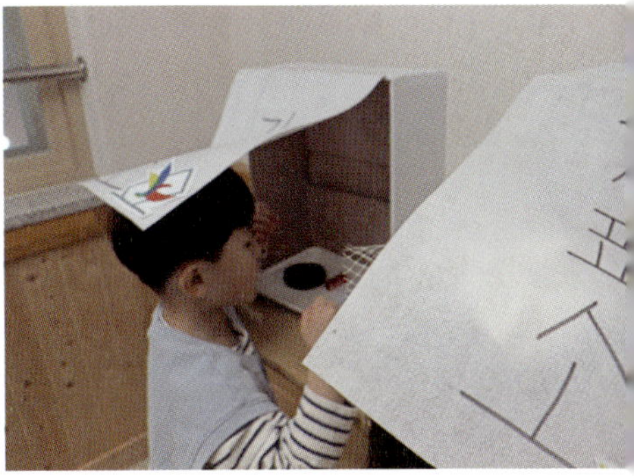
내가 뽑는 단샘 국회의원

개표 시작

일주일간의 선거운동이 끝나고, 드디어 2024년 4월 9일, 단샘 국회의원 선거 날! 당 후보로 선출된 유아뿐 아니라 선거 운동원들까지 긴장된 모습으로 유권자 친구들의 투표 과정을 지켜보았다. 그리고 개표의 순간! 투표용지가 하나씩 열릴 때마다 교실은 환호성과 한숨으로 가득했다. 개표를 맡은 유아는 화이트보드에 적힌 후보 이름 옆에 동그라미를 그리며 열심히 숫자를 세었다. 어른들의 선거 못지않게 긴장되고 흥분되는 순간이었다. 유력한 후보라고 예상했던 유아가 당선되는 순간! 당선된 유아는 감격에 젖어 수락 연설을 했고, 친구들은 큰 박수로 축하해 주었다.

[단샘 국회의원 선거] 놀이를 통해 유아는 선거 유세와 개표 과정을 직접 경험하면서 발현적 수리력과 발현적 문해력을 키워 생애학습 기초역량을 증진할 수 있었다. 또한 자기 당 후보의 선거운동을 함께 준비하고 협력하는 과정에서 친사회성을 기르고 사회정서 기초역량도 함양했다. 유아의 일상 경험에서 시작된 놀이는 어떤 종류의 인지학습보다 유아의 배움에 의미를 더해갔다.

2) 함께하는 체험활동

- 시기 : 봄(4~5월)
- 편성 유형 : 창의적 체험활동 연계형/ 대면
- 주제 : [신나는 봄 운동회]

신도시에 위치하고 있는 단샘유치원은 내부 환경이 깨끗하고 AI, 미래교육 시설까지 갖추고 있지만, 초등학교와 같은 넓은 운동장은 갖추지 못하고 있다. 그래서 매년 실시하는 운동회를 어떻게 운영하면 좋을지 늘 고민이었다. 그러던 중 '초등학생과 같이 해보면 어떨까?' 하는 생각이 떠올랐고, 협력 초등학교와의 논의 끝에 초등학교 운동회에 유아가 참여할 수 있는 프로그램을 포함하기로 했다. 운동회날, 초등학교 강당이라는 새로운 공간에서 초등학생과 더불어 함께 하는 운동회라 유아들의 설렘과 활동 몰입도는 최고였다.

초등학생과 함께 즐거운 운동회

운동회의 프로그램과 공간은 초등학교에서, 맛있는 간식 제공은 유치원에서 준비했다. 서로의 역할을 나누어 협력한 봄 운동회는 그야말로 대성공이었다. 이 경험을 통해 유아들은 신체운동능력을 향상시키고, 초등학생과 함께 활동하고 도우며 사회정서 기초역량을 키울 수 있었다. 그리고 초등학교 강당이라는 낯선 공간을 긍정적인 경험으로 채우면서 심리적 친숙함을 얻었다.

3) 범교과 학습 주제로 놀이 확장

- 시기 : 주 1회(4주간)
- 편성 유형 : 창의적 체험활동 연계형/ 대면
- 주제 : [도슨트와 함께하는 미술·환경 전시회]

유·초 이음교육이라고 하면 흔히 초등학교에 입학하기 직전 다섯 살 유아와 초등학교 1~2학년 아동이 함께하는 이음놀이만 떠올리기 쉽다. 그러나 유·초 이음교육의 목적이 유아가 이음교육 기초역량을 키우고 초등학교 생활에 잘 적응하도록 돕는 데 있다면, 보다 유능한 초등학생과 유아가 협업하며 기초역량을 키워가는 것도 의미가 있다고 판단하였다. 이런 관점에서 단샘유치원은 그림 그리기에 관심이 많은 유아를 지원하기 위해 협력 초등학교 6학년 학생들과 함께하는 미술 놀이를 진행하게 되었다.

6학년 학생들은 수업 시간에 배운 다양한 미술 기법을 바탕으로 주 1회 유아들에게 미술 놀이를 알려주었다. '환경'이라는 주제로 유아가 자신의 생각을 그림으로 표현하도록 돕고 함께 작품을 완성하였다. 완성된 작품은 초등학교 6학년 학생이 직접 도슨트가 되어 작품 설명을

6학년과 미술 수업

그림에 의미 덧붙이기

미술 전시회 관람

도슨트 작품 설명

하고 숲으로 나가 전시회도 여는 방식으로 범교과 주제를 연계하여 확장하였다.

처음에는 아이들에게 너무 멀게만 느껴지던 6학년 학생들이 자상한 언니, 오빠로, 때론 유능한 교사로 미술 놀이를 지원하면서 눈에 띄는 변화가 생겼다. 바로 초등학교에 대한 친밀감이 월등히 높아졌다는 것이다. 사춘기에 접어들기 시작한 6학년 학생들 역시 귀여운 유아를 돌보고 도움을 주는 과정에서 정서적 기쁨을 느꼈다고 한다.

[도슨트와 함께하는 미술·환경 전시회] 놀이는 유아에게 초등학교에 대한 기대와 자신감을, 초등학생에게는 돌봄과 나눔의 기쁨을 안겨준 '누이 좋고 매부 좋은' 일거양득의 자성비 '갑' 놀이였다.

4) 초등학교 미리 경험하기

- 시기 : 11~12월 중
- 편성 유형 : 집중형
- 주제 : [나도 초등학교에 갈래요]

유치원의 다섯 살 2학기는 부모들의 마음이 복잡하고 분주한 시기이다. 초등학교에 올라가는 자녀가 혹시 다른 아이에게 뒤처지지 않을까, 초등학교에 가서 친구와 잘 어울릴 수 있을까, 여러 가지 걱정과 고민이 떠오른다. 특히 유치원과 달리 초등학교에서는 자기 스스로 해야 할 일이 많아지고 선생님이 학생들과 모든 시간을 함께하는 것이 아니기에 걱정은 깊어지기만 한다. 이때 '초등학교 미리 경험하기'는 부모의 걱정을 덜어주고, 동시에 유아에게는 초등학교 생활에 대한 마음의 준비와 적응을 돕는 역할을 톡톡히 한다.

자연스럽게 커진 학교에 대한 관심은 곧 학교 놀이로 이어졌다. 가정에서 유아가 원하는 필통, 공책 등 초등학교와 관련된 소품을 가져오면서 본격적으로 놀이가 시작되었다. 교실 책상은 초등학교 교실처럼 배치하고, 반장을 뽑으며 교실 전체가 초등학교 교실로 변신했다. 종 치는 소리에 맞추어 수업이 시작되고, 초등학교에서 쓰는 공책을 사용해 보며, 아이들은 '학교'가 어떤 곳인지 놀이를 통해 즐겁게 경험했다.

학교 놀이가 절정에 달했을 때, 초등학교 방문 일정을 짜서 '초등학교 미리 경험하기' 체험을 했다. 초등학교로 협조 공문을 보내고 담당 선생님과 일정을 조율한 뒤 방문했다. 아이들이 가장 궁금해했던 과학실, 급식실, 방송실을 살펴보고 직접 체험도 한 후 유치원으로 돌아와서도 그 경험을 이어 학교 놀이를 이어 갔다.

두 번째 초등학교 방문 때는 초등학생이 핸드벨로 축하공연을 해주었고, 아이들이 평소 초등학교에 대해 궁금했던 질문에 답하는 영상메

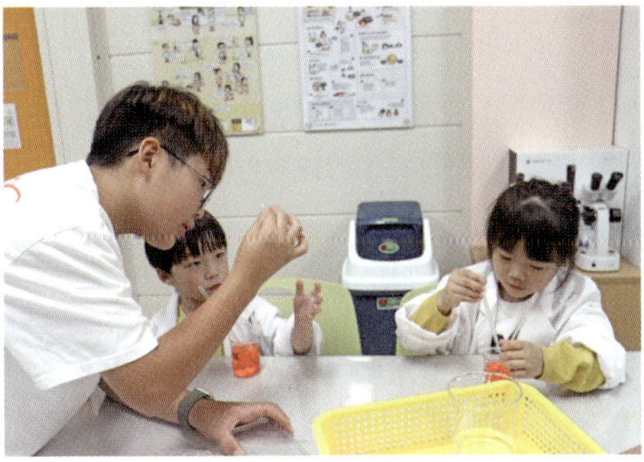

초등학생과 과학실 경험하기

예비 초등학생이 되어 '학교' 경험하기

시지까지 전달해 주었다. 덕분에 유아들은 초등학교를 더욱 자세히, 친근하게 이해할 수 있었다.

[나도 초등학교에 갈래요] 놀이는 유아에게 초등학교의 공간, 사람, 일과를 미리 예측해 볼 기회를 주었다. 가정으로 돌아가 자신이 체험한 초등학교 이야기를 신나게 이야기하는 자녀의 모습을 통해 부모는 불안감 대신 안심과 기대를 조금씩 품을 수 있었다.

5) 졸업생과의 만남

- 시기 : 7월의 어느 저녁
- 편성 유형 : 통합 교과형/ 즐거운 생활
- 주제 : [두근두근! 오늘을 기다렸어. 홈커밍데이]

홈커밍데이는 단샘유치원 졸업 학생을 초청하여 다섯 살 유아들과 저녁을 먹고 레크리에이션, 교실 놀이를 함께하는 행사다. 졸업생에게는 추억을, 재원생에게는 초등학교 생활을 직접 들어볼 수 있는 기회를 갖자는 취지로 마련되었다. 올해로 2년째 이어온 홈커밍데이는 이제 단샘유치원의 전통이 되어 학부모 사이 입소문뿐만 아니라 다섯 살 유아와 졸업생 모두가 손꼽아 기다리는 행사가 되었다.

맛있는 저녁 식사

처음에는 저녁 시간에 여는 행사에 얼마나 많은 졸업생이 참여할까 걱정도 되었지만 초등학교 앞에 현수막이 붙자마자 초청 인원 50명을 단숨에 채울 만큼 큰 호응을 얻었다. 행사 당일 오후 6시, 바이올린 축하공연을 시작으로 선생님과 보호자 놀이지원단이 정성스럽게 준비한 뷔페로 맛있는 저녁을 함께했다. 이어 5세 담임교사와 만남의 시간을 가졌는데, 전근으로 인해 현재 단샘유치원에 근무하고 있지는 않지만 아이들이 보고 싶은 마음에 바쁜 일정을 제쳐두고 와주신 졸업생 담임선생님들이 계셔서 의미가 더욱 뜻깊었다. 강당에서 레크리에이션이 끝난 뒤, 졸업생은 교실에서 동생들과 함께 놀이하며 유치원 시절의 즐거운 추억을 되살렸다. 또 초등학교 생활의 재미있고 특별한 점도 동생들에게 들려주었다. 2시간 남짓의 짧지 않은 행사를 마치고 동생들에게 전하는 편지 타임캡슐을 유치원 비밀장소에 묻으며 내년을 기약하는 졸업생의 눈빛에는 아쉬움이 가득했다. 오랜만에 만난 졸업생을 보내는 교사들의 마음에도 섭섭함이 차올랐다.

[두근두근! 오늘을 기다렸어. 홈커밍데이]는 초등학교를 다니는 졸업생들에게 마음의 고향 같은 정서적 안정감과 유대감을, 다섯 살 유아에게는 초등학교 생활에 대한 기대감과 협력 놀이 경험을 안겨 준 뜻깊은 시간이었다.

선생님과 만남의 시간

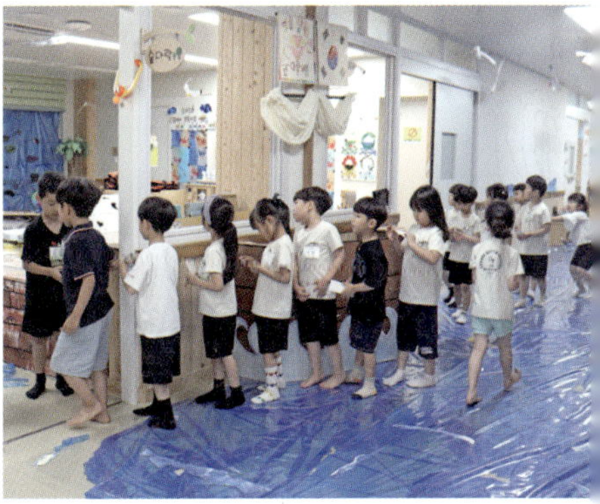
함께 즐기는 교실 놀이

초등학생에게 물어보는 초등학교 이야기

아마 이 책을 쓰고 있는 교사 4명이 모두 다른 유치원으로 전근을 가게 되어도 마치 명절처럼 내년에도 단샘유치원에 모이지 않을까. 개인적으로 이 홈커밍데이가 오래도록 이어져, 단샘유치원만의 따뜻한 전통으로 남기를 바란다.

유·초 이음교육 활성화를 위한 바람

유·초 이음교육을 하면서 보람된 순간이 많았다. 비록 졸업으로 인해 유치원을 떠나더라도 운동회, 홈커밍데이 같은 행사로 아이들과 교사가 다시 만날 수 있다는 믿음, 초등학교도 유치원과 다른 별세상이 아니라 자신의 강점을 발휘하며 주도적으로 생활할 수 있다는 자신감, 마지막으로 유·초 이음교육을 바라보는 부모들의 신뢰가 나에게 큰 보람을 주었다.

앞으로도 유아교육 현장에서 유·초 이음교육이 의미 있게 운영되기를 바라며 유·초 이음교육 활성화를 위한 몇 가지 방안을 나누고자 한다.

첫째, 유·초 이음교육의 중요성 인식이다. 유아교육은 발달 단계에 맞춘 적기교육이다. 이음교육 역시 유아기에서 학령기로 이어지는 발달의 전환기에 꼭 필요한 경험을 이어주는 과정임을 이해해야 한다. 이를 위해 이음교육 네 가지 기초역량에 대한 공감대가 형성되어야 한다. 아울러 이음교육이 초등학교 선행교육으로 오해되지 않도록 시·도 교육청, 유치원 단위에서 지속적인 학부모 교육이 필요하다.

둘째, 유치원과 초등학교 교육과정의 연계 강화가 필요하다. 유·초 이음교육 운영을 위해서 학년도가 시작되기 전 사전 협의를 통해 1년의 학사일정을 함께 조율하고, 유치원과 초등학교가 동등한 주체로 협력하여 이음교육을 운영하는 구조가 마련되어야 한다.

셋째, 전문적 학습공동체와 지원체계 마련이다. 유치원과 초등학교 교원 간의 전문적 학습공동체를 구성하고, 행·재정적 체계를 간소화하여 이음교육의 협력과 실행이 효율적으로 이루어질 수 있도록 운영해야 한다. 이러한 체계가 마련된다면 이음교육은 현장에서 안정적으로 정착할 수 있을 것이다.

유아가 세상을 만나고 평생을 살아갈 기초를 만드는 이음교육은 초·중등 교육과 동떨어진 교육이 아니라 유아기부터 일관성 있게 이어지는 교육의 가치이다. 이를 통해 유아가 건강한 사람, 자주적인 사람, 창의적인 사람, 감수성이 풍부한 사람, 더불어 사는 사람으로 성장해 가는 데 든든한 마중물이 되기를 바란다.

2부

놀 궁리만 하는 교사들의 교실 속 이야기

1장

아기자기 별님의 놀이이야기

마트 놀이 : 배달의 별님 주문! 빨리 배달 가자!

체험학습으로 경험을 넓히며 시작되는 마트 놀이!

3세의 별다락반 유아들은 우리 동네의 각종 가게 놀이를 하고 있었다. 유아들의 관심이 줄어들며 이제는 어떤 놀이를 지원해 줄 것인지에 대해 교육과정 선생님과 함께 협의하였다. “아이들이 돈을 사용하는 것에 관심을 가지니 가게 놀이를 더 확장하면 좋겠어요.”라는 교육과정 선생님의 의견에 따라 우리는 마트 놀이로 놀이를 확장하기로 했다. 세상에 태어난 지 고작 3년! 경험해 본 것보다 새로 경험하는 것이 더 많은 연령의 특성을 고려하여 본격적인 놀이 시작 전에 마트 체험학습을 계획하였다. 마트의 경우 일상생활과 밀접한 기관이기 때문에 방문해 본 경험이 없는 유아는 없었지만, 평소 부모님이 주로 계산을 하였기 때문에 마트에서 이루어지는 상호작용을 충분히 이해하고 있다고 보기는 어려웠다. 그렇게 우리는 마트 체험학습 동의서를 받고, 장보기 리스트를 가정에 보냈다.

물건을 고른 후 계산을 하는 유아

주말이 지나고 월요일! 유아들은 저마다 장보기 리스트를 작성해 왔다. 콩나물, 두부, 뻥튀기 등 가지각색의 장보기 리스트를 가지고 마트로 향하는 유아들은 신이 났다. 마트에 도착하여 직원분들과 인사를 나눈 별님이들은 물건을 담기 시작했다. "이제 뭐 사야 해?"라는 교사와 마트 직원분들의 질문에 장보기 리스트를 건네기도 하고, "두부 사야 해요."라고 말하기도 하였다. 집에서 가족들과 계획한 물건을 계산대에 올려놓고 계산까지 알차게 마쳤다. 그렇게 교실로 돌아온 별님이들은 마트 놀이를 시작하게 되었다. 유아들은 교실로 돌아오자, 음식 모형을 종류에 따라 분류했다. 그렇게 별다락반의 마트 놀이가 시작되었다.

과자랑 아이스크림도 팔고 싶어요!

교실에 있는 음식 모형의 대부분은 밥이나 채소, 고기다. 3세 1학기, 별님이들은 주어진 환경에서 반복하며 노는 것이 매우 즐거워 보였다. 놀이가 반복되면 여기서 유아들에게 줄 수 있는 변화가 없는지 고민한다. 아주 작은 변화나 문제 상황으로 인해 유아들은 조금 당황하거나 난처해하지만, 문제를 해결하기 위해 애를 쓴다. 유아가 문제해결을 위해 노력할 때 문제해결의 핵심이 되는 능력(의사소통능력, 수 개념, 공간지각능력 등)이 신장된다. 유아의 놀이 확장을 위해 그날도 문제의 손님이 되기로 마음을 먹었다. 놀이하고 있는 유아에게 다가가 말을 걸었다. "사장님~ 안녕하세요~" 교사가 공동놀이자로 역할을 하는 것에 익숙해진 지수는 까르르 웃으면서도 "안녕하세요~! 손님!" 능청스럽게 받아쳤다. "사장님! 저희 아이가 과자를 사 오라고 하던데, 과자 없어요?"라며 교구장에 배치해 놓지 않은 물품을 이야기하자 지수의 동공이 흔들린다. '어떤 답을 할까?' 기대하며 기다렸다. "아~ 지금, 과자 배달오고 있어요." 다급히 둘러대는 지수를 보며 "아 그래요? 그럼 다음에 올게요."라고 한발 물러섰다. 교사가 한발 물러난 자리에 유아들은 웅성웅성 긴급회의에 들어갔다. "이거 과자라고 할까?", "근데 과자는 비닐인데?"

그렇게 한바탕 놀이를 하고 난 뒤 유아들과 이야기를 나누기 위해 모였다. 무슨 놀이를 했는지 공유하며 아까 있었던 일을 언급하였다. "선생님이 아기에게 줄 과자를 사려고 했더니 없다고 하더라고, 너희는 별별 마트에서 사고 싶었지만 없었던 물건이 있어?"라고 묻자 빵, 아이스크림, 과자 등등 종류별로 먹고 싶었던 것들이 나온다. "빵은 유치원에 장난감으로 있지만 조금밖에 없고, 과자랑 아이스크림은 장난감이 없는데 어떻게 하면 좋을까?" 질문을 건네자 현주가 제일 먼저 "그러면 형님들한테 빵을 받아와요!"라고 말했다. "장난감으로 없는 아이스크림이랑 과자는 어떡하지?" 교사의 물음에 아이들은 해맑게 말했다. "우리가 만들면 돼요." 지금까지 놀이하며 필요한 것을 만들어왔던 경험들이 이제는 아이들의 문제해결 방법으로 자리 잡았다. "알았어. 그러면 우리 같이 만들어보자." 우리는 글레이를 이용해 아이스크림을 만들고 다 먹은 과자봉지를 모아 과자 모형을 만들었다. 그렇게 별별 마트에는 과자와 빵, 아이스크림도 팔기 시작했다.

놀 궁리 한 뼘 더! **실감 나는 소품은 놀이 몰입으로 연결된다!**

실감 나는 놀이 자료를 지원하면 유아의 놀이에 대한 몰입도도 깊어집니다.

〈과자 모형 쉽게 만드는 법〉

1. 다 먹은 과자봉지 안에 솜을 넣고 입구 위쪽으로 A4 용지를 한 겹 올려요.
2. 고데기로 A4 용지 위를 살짝 눌러 열을 가해요.

1. 종이 끼우기

2. 미니고데기로 밀봉하기

조금 더 특별함을 더할 방법이 없을까?

유아들은 이제 곧잘 물건을 사고팔았다. “계산해 주세요~”라는 말과 “삼천 원입니다.”라는 말이 흔하게 들려왔다. 이쯤 되면 ‘다른 곳에 지원할 부분은 없나?’ 고민에 빠지게 되는 것이다. 그때 다른 선생님들과 대화를 나누게 되었다. “요즘 저희 반 아이들은 마트 놀이를 해요. 이제 사고파는 것은 익숙해져서 더 지원할 부분은 없나 찾아보고 있어요.”라고 말하자 동료 교사가 지나가며 말했다. “선생님은 미디어를 잘 다루니까 그걸로 뭐 하면 안 되나? 배달 같은.” 처음에는 황당한 의견이라고 생각했다. 그런데 생각하면 생각할수록 ‘진짜 안 될까? 정말 안 될까? 할 수 있는 방법이 진짜 없을까?’라는 질문이 머릿속을 가득 채웠다. 그때 몇 년 전 태블릿PC를 활용해 키오스크를 만든 것이 떠올랐다. ‘키오스크를 만들 듯 만든다면? 이걸 TV에서 보일 수 있게 한다면? 어쩌면 되지 않을까?' 하는 생각이 머릿속을 스쳐 지나갔다. '이거 될 수도 있겠다.' 그런 실낱같은 가능성을 지나치지 못하고 나의 실험은 시작되었다.

우선 PPT를 만들어 하이퍼링크를 삽입했다. 주문하기를 누르면 집 주소를 누르는 페이지로 연결하고, 집 주소를 누르면 주문하는 물건을 선택하도록 했다. 유아들의 연령과 효율성을 고려하여 앱으로 주문할 수 있는 물건은 아이스크림과 빵으로 제한하였다. 마지막 화면에서는 네이버 클로바 더빙을 활용하여 "별님의 배달 주문-102호에서 아이스크림 1개 주문했습니다."라는 음성파일을 제작하고 PPT에 삽입했다. 그렇게 만들어진 PPT를 태블릿PC에 띄우고 두근거리는 마음으로 교실로 향했다. 유아들의 반응은 폭발적이었지만 한 번에 성공하지는 못했다. 터치를 섬세하게 조절할 수 없었던 유아들을 고려하여 [주문하기] 페이지는 배경까지 모두 다음 화면으로 넘어가는 하이퍼링크를 연결하여 수정하였다. 여러 시행착오 끝에 복도에서 교실로 주문을 넣을 수 있게 되었다. 이렇게 시스템이 만들어지자 태호가 심각한 표정으로 이야기했다. "그런데 배달을 받으려면 집이 있어야 하잖아요." 미리부터 집을 만들 예정이었지만 이렇게 유아들이 놀이의 문제를 발견하면서 의견을 내면 반가운 일이니 모른척하며 대답했다. "그렇네. 선생님은 생각 못 하고 있었어! 그럼 태호 생각처럼 우리가 집을 만들어볼까?" 태호의 얼굴에 미소가 확 피어났다.

배달받을 집을 만들자!

"얘들아, 태호가 집을 만들자고 하네. 여기 모여봐~" 유아들을 불러모아 신발장과 가방장을 복도에 세로로 붙이고, 폼보드를 'ㅅ' 모양

유아들이 이야기한 다이아몬드 창문

으로 겹쳐 든 후 보여주었다. “이렇게 지붕이 생기면 집 같지 않을까?” 교사가 제안하자 “우와!!!! 좋아요!!”라는 폭발적인 반응이 돌아온다. 동화 속 집을 상상한 걸까? 리온이가 “그런데 창문도 있으면 좋겠어요.”라고 의견을 내었다. 혼자서 기획할 때는 창문 생각은 없었다. 그러나 또 의견이 재미있지 않은가. 그래서 유아들에게 다시 한번 질문을 했다. “그럼 어떤 모양의 창문이면 좋겠어?” 한두 가지 모양만 나올 줄 알았던 것은 편견이었다. 동그라미, 세모, 다이아몬드, 하트 모양까지 무려 네 가지 모양이 나오게 되었다. “모양이 4개인데… 이제 어떡할까?” 교사가 묻자 “나는 하트 했으면 좋겠는데.”, “나는 네모!”라고 자신이 원하는 모양을 말하는 목소리 사이로 유원이의 놀라운 의견이 나온다. “지붕이 4개니까 1개씩 하면 어때요?” 제법 그럴듯한 의견이 나오자 다른 아이들 표정도 확 밝아진다. “너희들 생각은 어때? 유원이는 1개씩 했으면 좋겠다고 하네.” 물어볼 것도 없다. 내가 하고 싶은 모양을 볼 수 있으니 아이들은 그저 기쁠 따름이다. 이렇게 방향이 정해진 뒤 우리는 지붕을 만들기 시작했다. 나는 유아들의 손길을 담아서 기와를 올리고 싶었다. 사인펜을 색칠한 후 물을 칠하여 색을 퍼트리며 기와를 물들였다. 그 후 복사하여 자른 후 지붕틀에 붙였다. “으아악, 선생님 비가 오면 집에 비가 다 들어오겠어요.”라는 장난스러운 말에 아세테이트지를 붙여 창을 막는 것을 마지막으로 집이 완성되었다.

지붕틀에 우리가 만든 기와를 붙이는 유아

완성된 집

놀 궁리 한 뼘 더! **반복 작업, 이렇게 지원할 수 있어요!**

- 놀이 준비를 위해 반복 작업이 필요할 때가 있어요. 적절한 작업을 하면 소근육이 발달할 수 있지만 그 작업량이 유아의 발달 수준을 넘어서면 다른 방법을 찾아봐야 해요.
- 놀이 환경 조성을 위해 비슷한 형식으로 많은 양을 작업해야 할 경우 유아의 작업물을 복사해요! 유아도 교사도 지치지 않고 놀이를 준비할 수 있답니다!

오토바이도 만들고 이제 배달 시작!

이제 배달을 한다며 나서는 유아들에게 킥보드를 주었다. 오토바이 대신 킥보드를 탄 유아들은 배달을 다니기 시작했다. 빵을 손에 들고 움직이던 지호가 교사에게 나가왔다. "선생님 이기 바구니 달고 싶어요." 혼자 달 수 있도록 하면 어떤 방법을 선택할까, 이 문제를 어떻게 해결할까 궁금해지는 순간이었다. "그럼 달아보자. 뭘로 달아볼까?" 교사의 질문에 지호는 가장 익숙한 테이프를 선택했다. 플라

배달 가는 별님이

스틱 손잡이에 울퉁불퉁한 라탄 바구니를 달자 금방 떨어지고 말았다. 끙끙대며 고민하던 지호 옆에 있는 나에게 리온이가 다가왔다. "선생님 뭐 하고 있어요?" 리온이의 질문에 "음~ 지호가 여기에 바구니를 달면 좋겠대. 그런데 테이프로 잘 안 붙네. 어떡하지?"라고 답했다. 리온이는 "아! 그러면 끈으로 묶으면 되겠다."라고 말했다. 지호는 리온이를 쳐다보더니 "좋은 생각이야."라고 말하며 끈을 요구했다. 충분히 좌절했고 협동하여 방법을 찾은 지호에게 공작용 와이어를 주었다. 그렇게 와이어를 묶고, 전기테이프를 감아 마감하였다. 리온이와 지호는 신나서 배달을 나섰다.

복도의 집 가운데 놓인 태블릿PC의 PPT 화면을 조작하자 교실의 TV에는 배달문구가 울려 퍼졌다. 빨간 오토바이를 탄 유아는 안전모를 쓰고 가게로 다가간다. 주문한 음식을 받고 주문받은 집으로 배달을 나선다. 배달 후 돈을 받는 것도 잊지 않았다. 복도를 지나다니는 선생님들이 궁금해서 들여다보면 "선생님도 같이 배달시켜요."라며 놀이를 키워나갔다.

바다 놀이 : 교실에서 바다 속으로 풍덩~

너희 무슨 놀이 하고 싶니?

하나의 큰 주제가 마무리되고 나면 유아들에게 종종 묻고는 한다. 유아들이 하고 싶어 하는 놀이를 모두 다 할 수는 없지만 함께 정하며 상상을 현실에 구현하는 그 순간이 가장 짜릿하기 때문에 이 질문은 나의 수업에 빠질 수 없다. 그날 유아들의 답은 "해적선 놀이하고 싶어요."였다. 이건 또 갑자기 무슨 놀이일까… 맥락을 파악할 수 없었던 나는 유아의 의견을 더 들어보기로 했다.

"해적선 놀이는 무슨 놀이인데?"
"우리가 해적이 되는 거예요!"
"으음… 해적이 된 별님이들은 뭘 할 건데?"

조금 더 구체적인 의견을 듣기 위해 교사가 건넨 질문에 유아들은 저마다 대답했다.

"바다를 관찰하는 거예요!"
"수영을 하고요!"
"배를 타는 거예요."
"그네도 타고 싶다."
"사진도 찍어야 하고."

의견이 참으로 다양했다. 바다, 해적선과 관련한 아이디어는 다 나오는 듯했다. 이처럼 유아가 교사의 예상을 완전히 벗어난 놀이를 희망할 때는 당황스럽다. 뭘 어떻게 지원해 주나 고민이 되기도 한다. 그러나 그간의 경험을 통해 이 막막함을 넘어서면 유아도 나도 성장한다는 것을 알게 되었기에 쉽게 포기할 수가 없었다.

포토존을 만들어요!

막막할 때에는 유아와 함께 할 수 있는 것부터 해나가다 보면 하나하나 매듭이 풀려나간다. "사진도 찍어야 한다"고 의견을 낸 연주를 불렀다.

"연주야, 사진 찍는 것은 어떤 건지 선생님한테 자세하게 이야기해 줄래?"
"저번에, 엄마랑 바다 가서 사진을 찍었어요. 거기에 예쁜 의자가 있었어요."

이야기를 나누다 보니 연주가 원하는 것은 해변가에 있는 포토존인 듯했다. 컴퓨터로 검색하여 여러 포토존을 보여주었다. "이런 거 말하는 거야?" 확인하는 교사의 말에 "네!"라고 씩씩하게 대답했다.

유아의 요구를 파악한 후 자료 조사를 시작했고, 교실에 여러 시안을 들고 갔다. "지난번에 연주가 사진 찍는 곳을 만들고 싶다고 해서 여러 가지 사진을 찾아보았어요. 우리는 어떤 모양으로 만들까?"

완성된 포토존에서 사진을 찍고, 찍어주는 유아들

이야기 끝에 네모 틀 위에 조개를 붙여 만들기로 하였다. 폼보드 틀을 아크릴 물감으로 색칠하고, 조개 모양을 열심히 색칠했다. 하늘하늘한 천을 감아 포토존을 완성하자 지현이가 현우의 사진을 찍어주는 척하였다. 귀여운 광경에 웃음을 지으며 진짜 사진기를 주자 친구를 찍어주는 꼬마 사진사가 생겼다.

해적 놀이터예요!

바다를 관찰하는 곳과 그네에 대한 이야기도 들었다. 유아의 이야기를 듣자 하니 얼마 전 보고 온 옥토넛 뮤지컬이 이 놀이의 발단인 듯하였다. "해적선에는 배 위에 높은 곳에 올라가서 바다를 관찰하는 곳이 있어요. 그거 만들고 싶어요."라고 말하는 유아의 빛나는 두 눈을 보면 '어떻게든 만들어야 하는데…' 싶어진다. 유아들은 이 모든 것을 '해적 놀이터'라고 이름 붙이며 눈을 빛냈다. '그래 한번 만들어 보자!'라는 각오를 다지며 유아에게 물었다.

"우리 교실에 그렇게 올라가서 볼 수 있는 곳이 있니?"
"우리 반에는 없어요. 근데, 형님 반에 높은 책상 빌려오면 돼요."

문제를 해결하기 위해 교실 속에 없는 자료를 생각하여 제시하다니 언제 이렇게 컸나 싶다. 감동하고 있는 교사에게 준서가 "그런데 올라가서 보는 곳은 그 주변이 나무여야 해요."라며 숙제를 하나 더 내어준다. "그럼 나무는 뭘로 만들까?" 교사가 물어보자 "박스를 이렇게 색칠해서 만들어요!"라고 의견을 내었다. 다음 날 유아들의 의견대로 박스에 나무색으로 색칠하기 시작했다. 교사가 디테일을 더한 후 교실 한구석에 붙이자 유아들이 흥분 섞인 목소리로 "와!!!"라고 외친다. 조금도 기다리기 어려운시 낮은 책상을 진밍대에 깔아놓고, "선생님 형님들한테 책상 빌려오면 진짜 같겠어요!"라고 말하며 손을 모아 망원경 모양을 만들어본다.

전망대에서 멀리 보는 흉내를 내는 유아

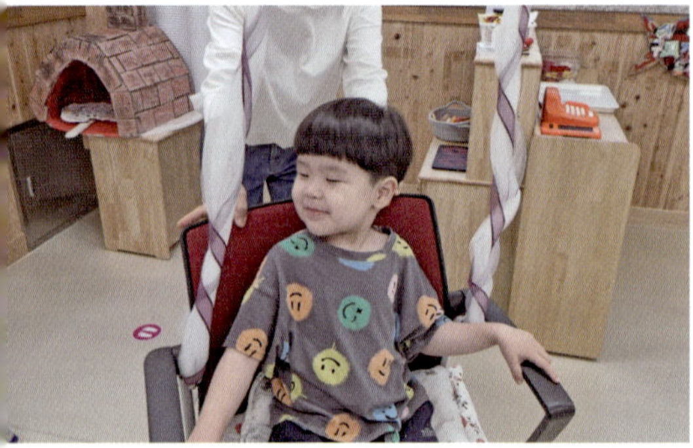
우리가 만든 그네를 타는 유아

바퀴가 달린 의자에 끈을 달아 천장에 엮었다. 앞뒤로 흔들리는 의자를 서로 밀어주며 그네를 탔다. 책상다리를 빼 미끄럼틀을 만들고 자신들이 만든 해적 놀이터에서 유아들은 웃음꽃을 피웠다.

'바다' 하면 펜션, 호텔이 떠오르는 유아들

놀이 공간이 조금씩 갖춰지자 진아가 "선생님 호텔이 필요해요."라고 하는 것이 아닌가. 처음 이야기에는 없었던 호텔이 등장한 이유를 묻자 "우리가 여기로 여행 왔을 때 자고 가야 하잖아요."라고 말했다. 유아들의 경험 속 바다는 호텔과 붙어있는 존재인가 보다. '좋은 방법이 있을까?' 고민하던 찰나 다수의 '바닷가, 해적선 놀이'의 의견에 묻혀 사라진 로봇 놀이가 생각났다. 그래서 당시 의견을 내었던 준우를 불렀다. "준우야, 친구들이 호텔 만든다고 하는데 준우가 지난번에 말했던 로봇 놀이가 생각나서. 로봇 호텔을 만들면 어떨까?" 교사가 묻자 준우의 눈이 반짝반짝 빛났다. 나는 다 기억도 못하는 각종 로봇의 이름을 줄줄 외며 호텔을 꾸밀 때 쓰라고 하였다. 이를 보고 있던 지현이가 말했다. "캐치티니핑 호텔도 만들어요!" 다시 회의가 시작되었다.

유아들에게 지금까지 이야기 나눈 것을 공유하였다. 호텔을 만들기로 했고, 그 테마가 캐치티니핑과 로봇이 되었으며, 호텔은 아직 철거하지 않은 마트 놀이의 집을 활용하기로 했다는 것도.

"어떻게 로봇 호텔과 캐치티니핑 호텔을 만들 수 있을까?"
"로봇을 가져다 놓아요."
"캐치티니핑 이불! 이불이 있으면 좋겠어요."

그때 머릿속에 전사지가 스쳐 지나갔다. '가능할 수도 있겠다'는 생각이 드니 유아의 생각이 기특하기만 했다. 전사지를 준비하여 색연필로 색칠하고 유치원에 있는 천에 이 그림을 전사하였다. 그렇게 로봇 이불과 캐치티니핑 이불이 생겨났다. "침대도 필요해요!"라고 하는 유아에게 "침대는 어떻게 만들까?" 묻자 유아가 교실 한구석의 지진 대피 방재모자를 가지고 왔다. "이걸로 어떻게 만들지?"라고 묻는 교사에게 영호는 보란 듯이 3개를 붙여 그 위에 눕고선 "이러면 되지요!"라고 말하며 해맑게 웃었다. 지진대피 방재모자를 크라프트지로 포장하고 테마에 맞게 캐릭터를 붙여 호텔을 완성하였다.

테마호텔의 이불과 침대

바다 속으로 들어가는 방법

이제는 수영을 하고 싶다는 유아의 생각을 해결할 단계였다. '비닐이나 신문지를 활용해 할 수 있는 수영 놀이 말고 내가 할 수 있는 특별한 것이 있을까?' 하는 고민이 이 놀이 지원의 시작이었다. 문뜩 '크로마키를 활용하여 줌으로 연결하면 어떨까' 생각이 들었다. 그때부터 실험을 통하여 공간을 만들기 시작했다. 줌의 가상화면을 활용하여 유아를 비추고, 그 뒤편 초록 화면을 바다 속 풍경으로 만들었다. 이를 위해서 웹캠을 유아의 정면에 설치하고, 유아 등 뒤편에는 크로마키를 활용하기 위해 초록색 배경을 준비하였다. 웹캠과 연결된 노트북은 유아의 오른쪽에 놓인 교구장 위에 놓고, 웹캠은 정면의 책꽂이 상단에 고정하였다. 바닷속 풍경과 합성된 유아의 모습은 이동식 빔을 활용하여 정면에 비추도록 하였다. 이를 위해 플로터를 활용해 뽑았던 크로마키 종이 가운데를 작게 뚫어내었다. 공간을 설계함에 있어 "실감 나는 장면을 만들어 유아의 몰입도를 높인다."는 점을 최우선으로 고려하여 기기의 노출을 최소화하고 유아의 그림자로 가리지 않도록 유아의 키보다 높은 곳에서 쏘아지도록 설계하여 설치하였다.

스킨스쿠버 놀이 뒷면(크로마키 배경과 빔프로젝터)

스킨스쿠버 놀이 전면(이동식 스크린)

스킨스쿠버는 바닷속으로 들어가는 수면이 수평으로 놓이지만 교실 속에서 그렇게 만들 방법은 생각나지 않았다. 한참을 고민하다가 수직면으로 물속에 들어갈 수 있도록 비닐을 배치하였다. 빔이 생기는 공간을 푸른 비닐로 두르니 노트북도 숨길 수 있게 되었다. 그러자 스킨스쿠버 공간은 더욱 아늑해졌으며 디지털 기기에 분산된 관심도 스킨스쿠버 자체에 집중되었다.

이렇게 대략적인 배치를 하고 나자 이제 문제는 이동식 빔의 스크린 뒤편이었다. 스크린 뒤편은 철제 구조물이었다. 안전이 우려되었고 죽은 놀이 공간이 되어 고민이었다. 결국 유아들이 이야기했던 포토존을 이 공간으로 이동하여 설치하기로 했다. 포토존은 유아의 활동성이 높지 않은 공간이며 그를 위한 배경을 플로터로 인쇄하여 붙이면 철제 구조물에 유아가 접근하는 것을 막을 수 있다는 판단이 들었기 때문이다. 그렇게 앞도 뒤도 모두 놀이를 위한 공간이 되었다.

완성된 포토존에서 찍은 사진

배를 타고 바다로 나가요!

유아들은 배도 만들고 싶다고 했다. 물론 해적 놀이터가 배 위라고 가정하고 있기는 하지만 말이다. '우리 유치원에서 활용할 수 있는 것이 무엇일까?' 하는 고민 끝에 체육 창고의 훌라후프 보관대가 생각났다. 유아들과 함께 박스에 색칠하여 배의 틀을 만들었다. 완성됐다고 기뻐하는 찰나, 제주도에 배를 타고 다녀왔던 서유가 "배에도 의

만들어진 배에 탑승한 유아

자가 있어요."라고 말하였다. 그렇게 도서관에 있는 의자를 가지고 와 넣고서야 별다락의 배가 완성되었다.

배를 타고 떠나는 시나리오가 놀이에 추가되자 별다락의 바다 놀이에는 여행이라는 요소도 등장하였다. "가방을 챙겨서 가야 해요."라고 말하는 유아가 생기며, 꿈다락, 숲다락 반을 초대하여 함께 놀이를 하기도 하면서 그렇게 별다락에는 바닷가와 해적선 놀이가 무르익어 갔다.

여행 놀이 시작 전 교실 전경

탐정 놀이 : 경찰서로 간 좌충우돌 별별 탐정

어서와! 유치원은 처음이지?(선생님도 3세가 처음이란다)

3세 별다락반 유아는 어린이집을 갓 졸업하고 입학한 유치원의 막내들이다. 처음 유치원에 들어온 유아는 어린이집과는 다른 시간적·물리적 생활환경, 놀이 방법, 또래 관계로 인해 다양한 변화를 맞이한다. 유아들은 변화된 환경에 적응하기 위한 시간이 필요하다. 새로운 놀잇감, 새로운 선생님, 새로운 친구와 한 달간의 적응 기간을 거치고 나면, 3세 유아도 서서히 자기만의 색깔로 놀이를 펼쳐나간다.

3세 유아의 발달 특성상 놀이 상황 속에서 또래와 적극적으로 소통하거나 상호작용하기보다는 혼자놀이, 병행놀이가 주를 이룬다. 상호작용을 하더라도 지속시간이 비교적 짧거나 언어적·사회적으로 확장되기 어려운 경우가 많다. 여기까지는 유아 교사라면 누구나 이해하고 있는 보편적인 3세 유아의 발달 특성이다.

나는 유아 교사로 20년을 근무하면서도 3세 단일연령 학급의 담임을 맡은 것은 2025년, 이번이 처음이었다. 그동안 주로 5세 학급을 맡아왔기에 스스로 수업만큼은 전문가라는 자신감이 있었다. '5세도 이 정도 수업을 해내는데 3세쯤이야' 하는 막연한 자신감, 3세도 맡아봐야 한다는 의무감, 그리고 20년 경력이라는 무기를 안고 3세 담임교사가 되었다. 그리하여 우리 반은 유아도 유치원이 처음, 교사도 3세 반은 처음이라는, 그 어느 해보다 설레는 마음으로(앞으로 어떤 일이 펼쳐질지 전혀 모른 채) 새 학기를 시작했다.

3세 유아, 비로소 이해하기

새 학기가 시작되는 3월, 2025학년도 별다락반 유아들은 유치원이라는 새로운 환경이 안전하고 즐거운 곳인지 온몸의 감각을 총동원해 탐색하고 있었다. 교사는 완전히 새로운 차원의 존재(?)인 3세 유아들을 맞이하며 반쯤 정신이 없는 채로 3월을 보내고 있었다. 그동안 내가 알던 유아가 아니었다. 5세와는 전혀 다른 3세 유아를 실제로 마주하니, 옆 반 선생님으로 귀여워만 하던 3세 유아의 특성을 몸소 체감하였다. 3세와 5세의 간극은 마치 초등학생과 고등학생의 차이와 같지 않을까 싶을 정도로, 유아의 발달과 개별 특성의 차이는 상상 이상이었다. 결국 그동안 해오던 놀이 지원, 유아와의 상호작용 방식, 개입과 참여의 범위를 새롭게 재정립해야 했다.

3월부터 3세 유아들과 적극적으로 상호작용하며 놀이를 함께 만들어간다는 것은 교사 혼자만의 욕심이었다. 초롱초롱한 눈망울의 3세 유아들은 외투를 옷걸이에 걸고 지퍼를 올리는 기본생활습관부터 가족이 보고 싶을 때 그 자리를 채워주는 정서적 안정감, 대소변 처리까지 거의 모든 일상에서 교사의 전적인 도움이 필요했다. 물론 다른 연령에서도 새 학기가 시작되면 하나씩 가르쳐주고 지원해야 하는 것들이지만, 3세는 훨씬 더 많은 시간과 정성을 쏟아야 했다. 3세가 이러한 발달 특성을 갖고 있는 줄 머리로는 알고 있었지만 실제로는 알지 못했던 것 같다. 어른이나 아이나 스스로 경험해야 비로소 이해가 깊어진다는 것을 깨달았다. 늘 유치원이라는 한 공간 안에서 지켜보기만 했던 3세 유아가 드디어 머리가 아닌 마음으로 이해되기 시작했다.

3월의 분주한 적응기가 지나고 우리만의 놀이가 시작되었다. 한 달

동안 관찰한 개별 유아의 특성과 놀이성향, 놀이 선호도를 바탕으로 교재와 교구를 준비했다. 아이마다 좋아하는 주제와 관심 있는 분야가 다양하지만, 교사의 준비와 의도에 자연스럽게 관심을 보이며 따라오는 모습은 마치 엄마 오리를 졸졸 따르는 아기 오리 같았다. 별다락반 유아의 발달 속도를 맞춰가며 때로는 개별로, 때로는 모둠별로 함께 우리 반의 놀이를 만들어갔다.

5세 유아처럼 생각지도 못한 기발한 아이디어로 놀이가 확장되거나 변화무쌍하지는 않았지만, 우리의 놀이에는 3세 유아만의 특별함이 있었다. 아이들은 자기 경험을 놀이로 그대로 표현하며 삶을 배워나갔다. 3세 유아의 놀이를 적극적으로 지원하기 위해서는 유아 중심 놀이교육과정 속에서도 교사 주도의 비율을 조금 높여 능동적인 비계 설정이 필요했다. 스펀지처럼 모든 것을 흡수하는 아이들을 보며 수업 준비에 공을 들였고 점차 3세의 놀이와 수업에도 자신감이 싹트기 시작했다.

새로운 시선으로 놀이 바라보기

4월 봄바람이 불어오는 어느 날, 유치원 주변에 만발한 개나리와 벚꽃을 보며 봄을 주제로 유아와 다양한 놀이를 펼쳐나갔다. 개나리와 벚꽃의 이름을 가르쳐주기 위해 개나리 그림과 벚꽃 그림을 프린트해 교실과 숲에 숨겨두고 봄꽃 보물찾기 놀이를 했다. 개나리, 벚꽃 그림 찾

봄꽃 보물찾기

스카프를 이용하여 봄바람 느끼기

기에 열중하는 아이들의 모습을 보며 쑥, 진달래 등 다양한 봄꽃과 식물 그림을 추가로 준비하여 반복적으로 찾기 놀이를 이어갔다. 열심히 봄꽃을 찾는 아이들을 보며 '우리 반 아이들이 봄꽃에 정말 관심이 많구나' 생각하고 그때부터 봄을 주제로 다양한 놀이를 확장해 나갔다. 스카프를 이용하여 봄바람 느끼기, '꽃씨' 노래에 맞추어 노래극 표현하기, 쑥즙으로 손수건 물들이기 등 알찬 놀이로 시간을 채워 갔다. 놀이를 통해 배움이 깊어지고 있다고 생각하며 색다른 봄 놀이를 지원하려던 어느 날, 여전히 단샘 숲에서 찾기 놀이에 집중하고 있는 아이들을 발견했다. "지금 무슨 놀이를 하고 있나요?"라는 물음에 유아들은 여전히 "보물찾기하고 있어요."라고 대답하며 이번에 자기들의 보물은 돌멩이라고 알려 주었다. 그 순간 깨달았다. '아, 별다락반 아이들이 관심을 가진 것은 '봄꽃'이 아니라 무언가를 찾는 행위 그 자체였구나. 그렇다면 이 흥미를 어떻게 확장해서 놀이로 이어갈 수 있을까?' 유아의 관심을 제대로 놀이에 반영하기 위한 고민이 시작되었다.

찾기 대장! 별별 탐정

유아의 '찾기'에 대한 관심을 놀이로 풀어가기 위해서는 놀이를 이어주고 몰입할 수 있는 재미있는 스토리가 필요했다. 그래서 유치원의 선배 교사에게 도움의 손길을 요청했다. 찾기 놀이에 흠뻑 빠져

있는 아이들을 위해 별다락반 놀이 과정을 함께 나누며 선생님께 특별한 역할을 부탁드렸다. 바로 소중한 물건을 잃어버린 것처럼 아이들에게 도움을 요청해달라는 것이었다.

선생님은 흔쾌히 별다락반 교실로 와서 아이들에게 진지하게 부탁했다.

별별 탐정! 출동(탐정 사무소)

"별다락반, 너희들이 잃어버린 물건을 정말 잘 찾는다면서? 선생님 얼굴에 바르는 화장품이 사라졌는데, 좀 찾아줄 수 있니?"

그 순간 반짝거리는 눈에 들썩거리는 엉덩이들. 그렇게 우리의 탐정 놀이가 시작되었다.

그 후 별다락반은 탐정 사무소를 차려 유치원 곳곳의 물건을 찾아주기 시작했다. 4세, 5세 반의 잃어버린 강아지 인형, 반려동물 햄스터, 선생님의 휴대전화까지. 사건 의뢰가 들어올 때마다 아이들은 신속하게 출동했다. 나는 유아의 탐정 놀이가 이어지도록 탐정 돋보기와 탐정 명찰, 탐정 사무소 구성을 도와주며 놀이에 몰입할 수 있도록 격려했다. 기존의 단순한 노래 가사를 탐정이 하는 일로 개사하여

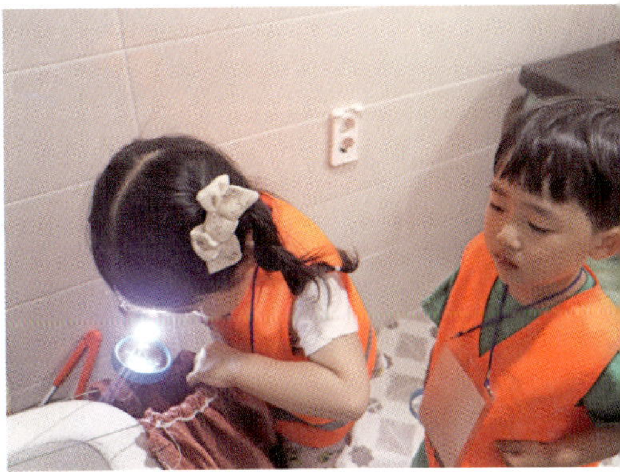
사건 증거를 수집하는 별별 탐정

사건을 수사하는 별별 탐정

탐정 사무소 홍보 노래를 만들었고, 물건의 행방을 쫓는 과정에서 범인의 발자국을 아이들의 발자국과 비교해 가며 놀이 몰입도를 이어갔다.

무엇보다 중요한 것은 교사의 호응이었다. 별다락반 아이들이 사건을 해결할 때마다 담임교사뿐 아니라 사건을 의뢰한 다른 반 교사와 친구들이 함께 박수를 보내며 어린 동생들의 놀이를 응원해 주었다. 그 결과 별다락반의 탐정 놀이는 우리 반을 넘어 다른 반 친구들의 관심과 상호작용 속에 3주간 이어졌다. 3세 유아가 놀이 속에서 적극적으로 상호작용하고 있었다. 놀라운 변화였다.

경찰서로 간 얼렁뚱땅 별별 탐정

예상치 못하게 3주간이나 이어진 탐정 놀이. 마침 보호자 참여수업이 한 주 앞으로 다가오면서, 아이들이 아직 탐정 놀이에 흥미를 갖고 있는 상황에서 보호자와 함께 하는 수업을 어떻게 연결하고 확장할지 고민이 되었다. 그러던 중 유아들이 탐정과 경찰의 차이를 궁금해한다는 것을 알게 되었다. 이 관심을 발판으로 탐정과 경찰의 차이점을 알아보고 탐정 놀이를 경찰 놀이로 자연스럽게 확장하기로 했다. 마침 우리 지역에는 공공기관이 많아서 교직원의 가족 중에도 경찰이 꽤 있었다. 그 인연을 통해 한 경찰관이 경찰이 하는 일을 설명하고 별다락반 탐정들에게 명예 경찰에 도전해 보라는 영상을 찍

명예 경찰 도전기

명예 경찰 수사 중!

어 보내주셨다.

보호자 참여수업에서는 그동안 했던 탐정 놀이 과정을 먼저 보여주었다. 이어 "유능한 별다락반 탐정들이 명예 경찰에 도전한다."는 설정 아래, 아이들은 지능수사, 질문수사, 위장수사, 과학수사에 도전하며 명예 경찰이 되는 과정을 부모님들과 함께 했다.

많은 부모들이 그동안 자녀가 유치원에서 '그냥' 노는 줄만 알았는데 실제로는 의미 있는 놀이 흐름 속에서 배움을 이어가고, 아이들이 진시하게 몰입하며 놀이에 참여하고 있음을 눈으로 확인하고 깊이 감동받았다. 놀이 속에 살아 있는 배움이 있다는 것을 직접 보고 느낀 부모들은 자녀의 놀이를 응원하는 든든한 지원군이 되었다.

콩나물보다 빠르게 자라는 별님이들

3세 유아도 친구나 교사와 적극적으로 상호작용하며 성장하고 놀이를 만들어갈 수 있다는 자신감과 믿음이 생겼다. 물론 학기 초 여러 가지 제약과 어려움이 있지만 놀이를 지원해야 한다는 조급함보다는 3세 유아들이 유치원에 편안히 적응할 수 있도록 기다림이 필요하다는 성찰도 뒤따랐다. 3세 유아의 특성을 받아들이되 서로의 속도를 맞춰가며 교사가 적극적으로 지원하고 개입하면 콩나물보다 빠르게 성장하지 않을까 생각했다. 놀이 속에서 적극적인 상호작용을 경험한 유아들은 그 다음 놀이도 주도적으로 이끌어 갔다. 그때마다 교사는 실행자로, 때로는 참여자로서 아이들의 곁에서 놀이를 지원해 주었다.

2학기가 되면 변화무쌍하고도 더욱더 다채로운 그들만의 놀이가 만들어지지 않을까 기대해 본다.

2장 향기롭게 자란 꽃숲의 놀이이야기

방송국 놀이 : 오늘의 뉴스를 시작합니다

체험에서 시작된 뉴스거리

강당에서 했던 아기 동물(인형) 돌보기 체험이 재미있었던 꽃님이는 동물을 만들기로 했다. 치열한 투표 끝에 토끼를 만든 꽃님이들이 교사에게 다가와 "선생님 그런데 가족들도 필요해요."라며 제안했다. 털실과 종이로 얼기설기 만든 아기 토끼가 생기자 유진이가 "여기 아기 토끼가 생겼다고 합니다."라고 말했다. 꽃다락만의 작은 뉴스가 탄생하는 순간이었다. '저 장면을 찍어주면 어떨까?' 궁금증이 생겼다. 카메라로 비추자 유진이 옆에 있던 진아가 "마이크도 있어야지요."라며 의견을 덧붙였다.

그렇게 한참을 놀다 다함께 모여 영상을 보았다. "나도 이거 할래요." 한 명이 말하자 너도나도 손을 들었다. "그럼 우리 방송국 놀이를 하면 어떨까?"

우리 방송국에서 어떤 방송이 나올까?

"TV에서 방송을 본 적 있어? 어떤 방송을 봤어?"

TV를 보는 유아도 많지 않은 현재, 유아들은 유튜브와 영화, 방송국의 방송 개념이 혼재되어 있었다. 유아가 원하는 놀이를 하려면 정확히 개념을 알려주고 유아의 의견을 듣는 것이 필요하겠다는 생각이 들었다. 그래서 유아들에게 방송국의 채널에서는 광고, 뉴스, 예능, 드라마 등이 나온다고 알려주었다.

"광고는 무언가를 알려주기 위한 방송이야. 이 물건 좋아요, 사세요를 알려주면 상업광고, 손 씻으세요, 횡단보도 안전하게 건너세요를 알려주면 공익광고지."

꽃님이들은 다른 사람에게 바른 행동을 알려주는 공익광고에 관심을 보였다. 결국 우리는 공익광고 두 팀, 예능팀과 드라마, 뉴스팀으로 나누어 촬영을 하게 되었다.

우리 방송국 이름은?

"그러면 우리는 꽃다락 방송국이야?" 유아들끼리 이야기하는 것을 우연히 듣게 되었다. 어떤 놀이를 하든 꽃다락이나 꽃을 붙이던 유아들이었기에 "꽃다락 방송국 아니야?"라는 의견이 나오는 건 어찌 보면 당연했다. "다 같이 이야기해 보자. 우리 방송국 이름은 뭐라고 할래?" 물어보자 유아들은 다양한 의견을 내었다. 꽃님이들은 장난스러운 의견을 낼 때가 많다. 그 날도 그런 의견이 나오고야 말았다. "예천 땡땡땡 방송국". 이런 장난스러운 의견은 항상 많은 표로 선정되고 만다. 보호자가 물으면 대답하기가 민망스럽긴 하지만, 놀이를 하는 너희가 즐거우면 됐다고 가볍게 넘기며 예천 땡땡땡 방송국, YTB의 간판을 만들기 시작했다.

우리가 만든 YTB방송국 간판

시나리오를 만들자!

뉴스, 드라마, 광고, 예능 모두 유아들의 의견을 담아 제작하고 싶었다. 그래서 방송별 특성을 설명해 준 뒤 팀별로 자신의 의견을 담을 수 있도록 종이에 그림을 그리기 시작했다. 스토리형으로 진행되는 드라마의 경우 칸을 나눠서 예를 들어 설명했다. 뉴스는 주제를 잡아 같이 협의를 했고, 광고의 경우 유치원에서 지켜야 하는 다양한 약속들에 대해 자유롭게 의견을 나누어 보라고 이야기했다. 예능팀은 어쨌든 재미가 중요한 거 아닐까 하는 생각에 친구들이 재미있어 할 이야기를 지어달라고 하였다.

회의가 끝나고 회의 결과에 대해 발표했다. 조금 더 짜임새 있게 가다듬어야 할 부분이 있었지만, 그럴듯한 부분이 더 많았다. 나머지 유아들이 자유롭게 놀이하는 동안 한 팀, 한 팀 불러서 시나리오를 정돈하였다.

회의를 하는 유아들

회의를 통해 만들어진 드라마팀 시나리오 초안

[드라마팀 시나리오 초안 해석]

① 엄마가 집에서 응가를 하는데
② 산불이 나서 미끄럼틀이 거북이로 변했어요.
③ 거북이는 도망가고
④ 사냥꾼이 나타났어요.
⑤ 희운이 쌍둥이가 쫓겨요.
⑥ 온이가 구해줘요.

드라마팀의 경우 각 이야기가 장면마다 분절되는 부분이 있었다. "드라마는 연결되는 이야기야. 하나로 연결이 되어야 해. 여기서 가장 중요한 이야기는 뭐야?"라고 묻자 쌍둥이와 사냥꾼, 온이가 중요하다고 했다. "하나씩 연결해 보자."라는 교사의 말에 아이들은 이어진 이야기로 다시 만들기 시작했다. 그렇게 시나리오가 완성되었다.

[드라마팀 최종 시나리오]

① 산에 올라간 희운이 쌍둥이와 엄마
② 엄마가 화장실이 급해져 아이를 두고 간다.
③ 엄마가 화장실에 간 사이 희운이 쌍둥이는 사냥꾼에게 쫓긴다.
④ 온이가 희운이를 숨겨준다.
⑤ 사냥꾼을 간지럽히기로 쫓아낸다.
⑥ 엄마가 되돌아와 있었던 일을 듣고 놀란다.

대사를 어떻게 외우지?

이제는 대사를 정하고 외우는 것이 중요해졌다. 유아의 입에 딱 붙는 대사를 만들기 위해, 또한 방송국 놀이를 하며 의사소통능력을 신장시키기 위해 대사도 유아들이 생각할 수 있도록 지원하기로 했다. "여기 이 장면에서 엄마는 뭐라고 말하면서 화장실 갈 거야?"라고 물었다. 화산 뉴스 보도를 하기로 한 유아에게는 "화산이 폭발하면 어떻게 대피하는지 알고 있어?"라고 물어보며 대사를 이끌어냈다. 화산이 폭발하면 어떻게 하는지 모른다는 유아를 위해 재난안전청의 자료를 함께 찾아보기도 하였고, 손 씻기의 중요성을 알리고 싶다는 유아를 위해 함께 노래를 개사하기도 하였다.

어느 정도 대사가 정해진 후 프롬프트를 만들어야 했다. 글자를 잘 읽는 유아의 경우 글자만으로도 정보 유추가 되지만 우리 반은 4세. 그것도 1학기였다. 글자를 유창하게 읽는 유아는 극소수! 대사 프롬프트도 직접 그린 그림을 덧붙여 제작하기로 했다.

본격적인 촬영이다!

야외, 급식실, 교실, 화장실을 오가며 열심히 촬영한 끝에 드라마, 예능, 손 씻기 공익광고, 급식실 예절 공익광고, 화산 폭발 뉴스가 완

줌 가상화면으로 뉴스 인터뷰 하는 유아들

뉴스데스크 만들기

뉴스 촬영 중

성되었다. 방송이 완성되자 유아들은 가족에게 공개하고 싶다는 이야기를 했다.

마침 보호자 참여수업도 코앞이었던 터라 '지금 찍은 방송을 소개하는 뉴스를 제작하면 어떨까?' 하는 생각이 들었다.

그때부터 주말 지낸 이야기, 오늘의 날씨 등의 이야기를 뉴스 형식으로 이야기해 보기 시작했다. 처음에는 버벅대던 유아들도 점차 "안녕하십니까? YTB 뉴스 ○○○입니다."라고 말하는 것이 자연스러워졌다. 유아들과 뉴스 영상을 같이 보고 난 후 지원이가 "선생님, 우리도 책상 만들어야 해요."라고 의견을 내었다. 유아들과 뉴스데스크의 여러 사진을 보고 투표를 진행했다. 가장 많은 투표를 받은 책상을 기준으로 우리만의 뉴스데스크를 만들기 시작했다.

매일매일 새로운 뉴스를 만들며 놀이에 몰입한 유아들은 오후에 돌을 발견했던 것, 물고기가 새끼를 낳은 것 등을 보도해야 한다며 교사에게 카메라를 요구하기도 했다.

'카메라를 직접 준다면 어떨까?' 궁금증을 가지고 유치원에 있는 디지털 카메라 4대를 주었다.

오늘의 주인공은 바로 나! 제작발표회!

모든 촬영이 끝난 후 유아들과 함께 제작발표회를 가지기로 했다. 기념 촬영도 하고 궁금한 것을 질문하기로 하였다. '과연 의미 있는

제작발표회 하는 유아들

질문이 나올까?' 궁금해하며 시작한 놀이에 나는 깜짝 놀라고 말았다. 평소 얌전하던 호윤이가 "희운이는 왜 쌍둥이로 만들었나요?"라고 드라마 내용과 관련된 질문을 한 것이다. 이렇게 한 명이 물꼬를 트자 "왜 손 씻기를 선택했나요?", "요정은 왜 농부를 도와줬나요?" 등등 다양한 질문이 빗발쳤다.

놀이는 끝나지 않는다

보호자 참여수업이 끝나고 제작발표회장부터 스튜디오까지 모두 철거했다. 그리고 방송국 놀이가 끝났다고 생각했다. 그러던 어느 날, 잊고 있던 디지털 카메라의 메모리를 정리하기로 했다. 유아에게 나눠줬던 그 카메라 말이다. 세상에...! 유아들의 카메라에는 놀이 장면을 찍은 동영상과 사진이 가득 저장되어 있었다. 교사가 없는 틈에도 "무슨 놀이 하고 있습니까?", "자동차 타워를 만들었습니다."라는 대사를 주고받으며 말이다. 심지어 촬영 기법도 발전해 갔다. 영상과 사진을 한 차례 정리한 뒤 보호자와 꽃님이들에게 공유를 하며 다시 한번 배웠다. 유아들은 주도적으로 놀이하는 능력이 아주 뛰어나며 교사가 보지 않는 곳에서도 무럭무럭 자라는 존재라는 것을 말이다.

도시복 놀이 : 이 동네 제일가는 효자, 효녀!

우리 동네 이름은 호명읍입니다

우리 동네에 관심이 많은 4세 숲다락반. 어느 날 유아들이 우리 동네 이름의 뜻을 물어보았다. 한자 뜻을 풀어 이야기하자 "호랑이 울음소리?" 하며 옛날 우리 동네에 호랑이가 많이 살았다는 이야기를 듣고 신기해했다. 우리 동네에 살았던 호랑이의 모습을 상상해서 각자 그려보고 그 호랑이들이 우리 동네에서 무엇을 했을지 발표하는 시간을 가졌다. 날개가 달렸거나, 말하는 기발한 호랑이가 나올 것이라는 예상과 달리 아이들은 전래 이야기 속 온갖 호랑이가 등장하는 이야기를 떠올리며 우리 동네 호랑이 이야기라고 생각했다. 예를 들어, '해와 달이 된 오누이'에 등장하는 나무에 오르려는 호랑이, 곶감을

상상의 호랑이 모습 그리기

무서워하는 호랑이 등이었다.

호랑이가 등장하는 옛이야기 관람

다음 날 아이들은 더 다른 방향으로 호랑이에 대한 흥미를 이어갔다. 자신이 그린 호랑이를 빨대에 붙여 막대 인형처럼 만들고, 높은 책상 하나를 가져와 블록과 합체하여 호랑이 극장을 만들었다. 교사가 무대를 밝혀줄 스탠드를 가져다주자 아이들은 무대 맞은편에 교실 의자를 가져와 깔아두고 좌석 번호를 붙이기 시작했다. 극장에 오려면 입장권과 진행요원이 있어야 한다는 아이들의 말에 숙련된 놀이 경험이 돋보였다. 한 번도 대사를 맞춰보지 않은 '해와 달이 된 오누이' 이야기를 시원이가 해설하듯이 말하자 교실 인형을 활용해서 등장인물이 무대 뒤에서 척척 나오고, 좌석에 앉은 친구들은 이야기에 집중했다. 그때 나는 '아~ 올해 숲다락반 친구들은 극놀이를 좋아하고 자기의 경험을 놀이로 잘 표현하는 친구들이구나.'라고 생각하게 되었다. 한편 '이 극장 놀이를 우리 동네와 어떻게 이어볼까?' 하는 고민도 함께 시작되었다.

효자를 돕는 호랑이도 살고 있었습니나

나는 우리 반 친구들에게 전래동화 속의 호랑이뿐만 아니라 정말 예천에 살았던 효자를 돕는 호랑이 이야기가 있다며 다섯 가지 에피소드를 준비했다.

> 조선시대에 경북 예천에는 도시복이라는 유명한 효자가 살고 있었습니다. 날씨가 무더운 여름날, 도시복은 사랑하는 어머니가 편찮으시자 무엇이든 해드리고 싶었어요. 어머니께 무엇이 먹고 싶냐고 여쭤보자 어머니는 괜찮다고만 하다가 시원한 홍시가 먹고 싶다고 했어요. 도시복은 홍시를 구해오겠다고 씩씩하게 대답했지만 한 여름이라 어머니가 말한 겨울 음식을 구하지 못할까 봐 걱정했답니다. 홍시를 열심히 찾는 도시복을 보고 호랑이가 도와주고 싶어서 도시복을 업고 강원도의 한 제삿집 앞까지 달려갔어요. 도시복은 귀한 홍시를 받아 다시 호랑이를 타고 집으로 돌아와서, 어머니께서 먹고 싶어 하셨던 홍시를 드릴 수 있었답니다.
>
> 출처 : 『명심보감』 속편(효행편)에 나오는 이야기를 개작하여 들려줌

첫날 두 편만 소개하려고 했는데 아이들은 너무 흥미롭게 들으며 다섯 가지 이야기를 모두 듣고 싶어 했다. 하나씩 들려줄 때마다 숲님이들은 호랑이를 기특해했고 '호랑이'에 대한 애정이 깊어졌다. 그때 혜국이가 손을 들고 질문했다. "그런데 이상해요. 예천에서 강원도까지 호랑이가 도시복을 업고 어떻게 가요?" 전해져 오는 이야기에는 중간 과정에 대한 설명이 없었기 때문에 그 부분이 궁금했던 모양이다. 그래서 교사가 되물었다. "어떻게 다녀왔을까?" 그때부터 숲님이들은 그동안 우리 동네에서 보고 듣고 놀러 갔던 장소들을 재구성하여 '도시복 놀이'를 시작했다.

① 예천에는 산도 많고 벌레도 많아요

곤충의 도시, 예천에는 신기한 곤충들이 많이 살고 있다고 알고 있는 숲님이들. 호랑이가 도시복과 함께 산을 많이 지나갔을 것이고 그때 벌레가 몸에 많이 붙었을 것이라고 했다. 효자 도시복은 착하니깐

몸에 붙은 곤충을 죽이지 않고 나무에 놓아주었을 것이라고 했다.

곤충의 도시, 나무를 만드는 유아들

② 고개를 많이 지나가야 강원도가 나와요

옛날에는 자동차가 없으니깐 산과 강을 많이 건너가야 했을 것이라고 했다. 다리도 건너고 징검다리도 건너고 오르막 내리막도 많았을 거라고 했다. 아이들과 유니바를 이용해서 산고개를 넘을 때마다 도시복과 호랑이가 사이좋게 박수치는 놀이를 만들어 강원도까지 가는 길을 즐겁게 구성했다.

③ 솔개가 나타났을 거예요

효자 도시복의 다섯 가지 이야기 중 솔개가 생선을 낚아채 어머니에게 빨리 전달해 주는 대목이 숲다락반 친구들에게 꽤 인상 깊었던 모양이다. 그래서 솔개는 강원도로 가는 호랑이도 도와주었을 것이라고 했다. 아이들은 각자 부모님이 좋아하는 음식을 물어보고 만들어서 솔개에게 전해달라고 부탁하는 놀이를 시작했다.

④ 회룡포도 지나갔을 것 같아요

예천 홍보물에 빠지지 않는 대표적인 명소이자 물길이 마을을 돌아가는 회룡포에는 아이들이 한번 다녀오면 잊지 못하는 뿅뿅다리가 있다. 회룡포에 다녀온 친구들도 아직 가보지 않은 친구들도 '뿅

뽕다리'는 모두 알고 있다. 공사장 비계를 만들 때 사용하는 구멍 있는 철판을 이어 붙여 만든 다리인데, 이름이 독특해서인지 아이들이 모두 알고 있다. 그래서 이 다리가 도시복이 살았던 시절에도 당연히 있었다고 생각하며 호랑이와 도시복이 뽕뽕다리로 건너갔을 것이라고 했다.

⑤ 활쏘기를 잘했을 거예요

예천은 양궁으로 유명한 도시다. 그래서 예천을 빛낸 양궁선수 이야기도 나누고, 양궁 놀이도 직접 하기 위해 숲님이들은 과녁판도 만들며 양궁 실력을 쌓았다. 숲다락반 친구들은 예천 사람은 옛날부터 모두 활쏘기를 잘했을 것이라고 믿었다. 그래서 도시복도 활쏘기를 잘해서 강원도로 가는 길에 공격하는 동물이나 괴물을 물리쳤을 것이라고 이야기했다.

아이들이 말한 예천과 관련된 이야기를 엮어서 도시복 이야기를 재구성해 보는 것도 의미 있다고 생각했다. 그래서 아이들의 거침없는 상상 이야기를 모두 엮어 우리 반 효자 도시복 이야기를 놀이와 영화로 만들어보았다.

나도 효자 도시복

교실과 복도를 재구성하여 효자 도시복 이야기의 배경 장소로 꾸미고 놀이를 이어갔다. 교실과 복도의 교구장과 교구는 도시복 놀이의 소품이 되었다. 도시복이 된 유아는 부모님이 좋아하는 음식을 듣고 구해오는 이야기를 놀이에 녹여 음식을 찾으러 가는 모험 놀이를 했다. 그렇게 도시복 놀이는 계속 반복되었다. 매번 역할과 상황에 맞는 대사를 조금씩 다르게 표현했지만, 이야기의 구조(슬롯)는 비슷하게 흘러갔다. 한참을 몰입하여 놀이하는 모습이 신기했다.

고민을 함께 해결해 주는 동료 교사, 불가능을 가능하게 해주는 교직원

도시복은 옛날 사람이니 아이들은 자꾸만 집에서 '한복'을 가져오겠다고 했다. 그래서 영화 촬영하는 날은 모두 한복을 가져와서 입고 '도시복'이 살았던 시절의 호명읍 놀이를 했다. 그런데 알록달록 예쁜 한복은 가난했던 '도시복' 느낌이 나지 않았다. 그때 방송국 놀이가 한창이던 옆 반 선생님이 "저는 체험센터에서 스튜디오에 걸어둘 의상들을 대여하려고요." 하는데 번뜩 스치는 사물놀이 옷이 떠올랐다. 체험센터의 대여 물품을 검색하니 다행히 사물놀이 의상을 대여할 수 있었다. 그래서 우리 반에서 대여할 수 있는 만큼 16벌을 빌려와 옷걸이에 걸어두었다. 조금 어설프긴 하지만 광목천을 잘라 머리끈을 옆에 걸어두자 그동안 인기 있던 호랑이와 솔개 역할보다는 도시복이 되고 싶어 했다. 아이들의 열정 넘치는 놀이 모습을 본 방과후과정 선생님은 다음날 광목천을 다리미로 반듯하게 다려서 우리 반 친구 모두가 써도 모자라지 않을 만큼 머리끈을 만드시고 여분의 머리끈까지 준비해 주셨다. 그리고 잊을 수 없는 한마디! "선생님, 어느 날은 모두 호랑이가 되고 싶은 날도 있으니까 호랑이 머리띠도 만들어봤어요." 하며 아이들과 호랑이 머리띠도 교실 한쪽에 만들어주셔서 이제는 도시복 놀이를 하며 역할로 순서를 정하는 갈등은 없어지고 좀 더 역할에 충실할 수 있었다. 이후에도 두 선생님과 수시로 놀이 이야기를 나누며 서로 지원도 받고 고민도 해결하며 무릎을

시복아! 맛있는 음식을 배달해 줘!

'탁' 쳤던 순간들이 너무나 많았다.

아이들이 저고리를 입고 놀이하는 모습을 복도에서 우연히 보셨던 부장 선생님은 "그 반에 도시복이 많던데요? 저고리 입고 놀이하니깐 정말 실감이 나더라고요. 그런데 모든 친구가 저고리를 입을 수 있는 수량이 되나요?" 하셨고, 나는 반 이상의 유아들이 입을 수 있으니 충분하다고 말씀드렸다. 그래도 부장 선생님은 모든 아이가 입는 순간도 있을 수 있으니 몇 벌 더 준비해 두고, 도시복 놀이가 아니라도 다른 놀이 때 활용하면 되니 꼭 마련하는 게 좋겠다고 조언해 주셨다. 혹시 몰라 주문하면서도 마음속으로 '에이… 그래도 도시복을 22명 모두 하고 싶은 날이 설마 있겠어?' 했다. 며칠 뒤, 매일같이 한두 명만 입던 도시복의 하얀 저고리를 4명, 5명이 입고 놀이를 하더니, 이제는 등원하면 오전 아침 우유 간식을 먹고 난 후 아이들 모두 저고리를 입는 분위기가 되었다. "선생님 저도 도시복 옷 입고 싶은데 옷이 없어요." 그렇다. 반 이상의 친구들이 흰 저고리를 입고 있으니, 모두가 입고 싶은 옷이 되었다. 다행히 다음 날 주문한 의상이 도착했고, 위기를 넘길 수 있었다. 부장 선생님의 지혜에 다시 한번 놀라는 순간이었다.

아이들이 도시복 에피소드에 나오는 '솔개'를 궁금해해서 맹금류인 솔개의 모습을 영상으로 소개했다. 아이들은 솔개 소리를 흉내 냈다.

"얘들아, 진짜 솔개가 있었으면 좋겠다. 천장에서 이렇게 여기서 날

아다니고 음식을 가져가게 말이야." 민서가 말하자 같이 놀던 가연이도 "맞아. 진짜 솔개가 있었으면 좋겠어. 근데 교실에서 솔개가 어떻게 날아."

나는 그날 아이들의 대화에 꽂혀서 솔개가 교실에서 나는 방법을 고민해 보았다. 계속 천장을 쳐다보며 기웃거리자 방과후과정 선생님이 "선생님~ 왜요? 뭐 때문에 그래요?" 하셔서 고민을 말씀드렸다. 우리는 고리를 걸어서 엘리베이터처럼 당겨 솔개가 올라갔다 내려갔다 하는 거라도 만들어볼까, 낚싯줄을 매달아서 공중에 날아다니는 솔개에 만족할까, 그런데 음식을 들어주고 옮겨주는 놀이를 하면 진짜 아이들이 좋아할 것 같다는 이야기를 나누었다. 그러다 방과후과정 선생님이 "저거다!" 하며 외치셨다. 깜짝 놀라 선생님이 가리키는 곳을 바라보니 커튼레일이 있었다. 우리는 함께 발견의 기쁨을 느끼고 레일을 어떻게 활용할지 생각했다. 그때 마침 2층을 지나가시던 주무관님이 "또 뭐 만들라고요?" 하셨다. 실마리를 찾은 내가 신나게 솔개 레일을 설명하였고, 그렇게 주무관님까지 셋이서 머리를 모아 솔개 레일을 설계하게 되었다. 일단 레일을 비스듬하게 설치하면 레일이 흘러내릴 수는 있지만 아이들이 놀다 보면 위험할 수도 있고, 어쨌든 원래 위치로 옮기려면 줄을 당겨야 하는데 오히려 일자로 설치한 것보다 힘이 더 들 수 있다는 이야기를 해주셔서 도르래를 떠올리며 철물점에 가서 필요한 재료들을 사 왔다. 아주 가벼운 바구니,

솔개를 날리는 유아들

커튼레일, 줄, S자 고리, 클립 고리, 현수막 노끈 등을 가지고 어제 그 구성원이 다시 모여 주어진 재료로 수없이 시도한 끝에 아이들이 말한 솔개를 만들 수 있었다. 그때의 성취감이란! 밑도 끝도 없이 아이들의 말만 듣고 어떻게든 만들기를 시도했던 나, 반짝이는 아이디어를 내주신 방과후과정 선생님, 그리고 이를 어떻게든 도와주려고 해주신 우리 유치원 맥가이버 주무관님이 힘을 합쳐 '음식을 담아서 전달하는 솔개 레일'을 완성했고, 숲님이들은 신나서 함성을 질렀다.

너무 든든한 동료 선생님들 덕분에 행복했고, 아이들이 말한 대로 솔개를 만들어 놀이를 하니 훨씬 실감 났다. 주무관님은 나와 아이들이 등원하기 전에 교실에 한 번 더 오셔서 아이들이 당기기에 더 수월하도록 굵고 매끈한 노끈을 구해서 보수해 주셨다. 그렇게 아이들이 말한 도시복 놀이의 솔개 에피소드를 구현할 수 있었다.

가족이 함께 하는 효자 도시복 놀이

효자 도시복 놀이를 가족과 함께 이어가기로 했다. 평소에 하던 놀이에서 '효'에 좀 더 초점을 두었다. 아이들에게 '내가 할 수 있는 효행'에 대해 물어보았더니, '엄마 아빠가 좋아하는 음식 만들어 드리기, 설거지 도와드리기, 옷 개는 것 도와드리기, 노래 선물 드리기 등' 다양한 아이디어가 나왔다. 먼저 우리 부모님이 좋아하는 음식을 예측해 보고, 부모님께 직접 물어보는 조사 활동을 한 후에 부모님이 좋아하는 음식을 만들었다. 그리고 가족과 함께 하는 날은 미리 준비한 음식을 대접하고, 상상 속의 이야기를 부모님과 함께 경험해 보는 놀이를 아이들과 계획했다.

그리고 나는 아이들이 직접 도시복이 되어 열심히 홍시를 구하러

간 '효심'에 감명받아 가짜 음식이 진짜 음식으로 변하는 경험을 선물해야겠다고 다짐했다. 그래서 이야기 속에서 한여름에 구할 수 없는 홍시를 구하러 떠난 도시복이 어렵게 구한 '풍선 홍시'를 바구니에 모아두고 아이들이 다시 꺼냈을 땐 '언 홍시'로 변해 있는 깜짝선물을 준비했다. 나는 보호자 참여수업을 마무리하며 아이들과 부모님이 시원하고 달콤한 홍시처럼 매일 사랑을 주고받는 경험과 우리 고장의 효 이야기를 깊게 새기면 좋겠다는 메시지를 전달했다. 그날 우리 고장 이야기지만 처음 들어본다는 부모님도 계셨다. 며칠 뒤에는 학교종이 앱을 통해 도시복 생가를 다녀온 친구들 사진과 한천 다리에 그려진 효자 도시복 벽화 사진을 가정에서 공유해 주셨다. 덕분에 아이들과 도시복 이야기를 더 이어갈 수 있었다. 아이들은 한 학기가 지난 지금도 여전히 효자 도시복 놀이를 한 번씩 떠올리며 이야기한다.

오늘은 내가 효자 도시복!

즐겁게 우리 고장을 알아보려고 시작했던 도시복 이야기가 효를 경험하고 창의적인 극놀이를 통해 아이들, 부모님, 교사 모두에게 오래오래 여운이 남을 놀이가 되었다. 이제 도시복을 보면 숲다락반과 재구성했던 이야기가 먼저 떠오를 것 같다.

영화관 놀이 : 숲님이, 몸을 사리지 않는 열연을 펼치다!

교육계에는 한동안 디지털 바람이 거세게 불었다. 초등학교에서는 디지털 교과서를 도입하려 했다가 무산되기도 하고, 다시 방안을 논의 중이다. 중·고등학교에서는 이미 디지털 매체를 활용한 수업과 평가가 이루어지고 있으며, 디지털 교육에 대한 관심은 여전히 과열된 상태다. 이러한 흐름 속에서 유치원 역시 디지털 교육의 중요성과 현장 적용에 대한 목소리가 높아지고 있다.

그렇다면 유치원에서는 디지털을 어떻게 사용하고 있을까? 교사 개인의 교육관에 따라 차이가 크다. 디지털 매체에 매우 능숙한 Z세대이자 5년 차 교사인 나조차도 디지털 매체를 전면 활용하는 데에는 여전히 의구심이 든다. 하지만 빠르게 변하는 시대의 흐름을 외면할 수는 없다. 이미 가정에서 태블릿과 TV 등 다양한 매체를 접하고 자라는 알파 세대의 유아들에게 디지털을 활용한 수업을 유의미하게 하려면 어떻게 해야 할지 고민하지 않을 수 없었다.

문제는 방법이다. 중·고등학생처럼 프로그램을 활용해 결과물을 만들어내기에는 유아 수준에 맞지 않고, 단순히 전달식으로 수업을 진행하면 흥미는 물론 교육적 효과도 떨어진다. 디지털 교육은 잘 활용하면 시공간적 제약을 뛰어넘어 더욱 풍부한 놀이를 펼칠 수 있지만, 동시에 미디어 중독이라는 부작용을 안고 있는 양날의 검이기도 하다.

그래서 나는 아이들을 단순한 미디어 소비자가 아니라 직접 만들어내는 주체로서 디지털 매체를 활용하는 경험을 할 수 있도록 놀이를 해봐야겠다는 생각이 들었다. 이미 어린이 전용 프로그램을 익숙하게 시청하는 유아들에게 “이번에는 네가 주인공이 되어 직접 영화를 만들어보자!”는 제안을 하는 것이다.

이런 생각으로 나는 1년 차 신규 교사 때부터 영화 프로젝트를 시작했고, 5년째 매년 새로운 작품을 만들고 있다.

좋아하는 영화가 개봉했다

아이들이 좋아하는 캐릭터를 주제로 한 영화가 개봉했다.

“선생님 저 엄마랑 ○○○ 나오는 영화 보러 영화관에 가기로 했어요.”
“선생님 저는 저번에 영화관에서 ○○○ 영화 봤어요.”
“나도 봤어!!”
“나는 저 영화보다가 ○○○이 죽은 줄 알고 너무 슬퍼서 울었어.”

영화관에 간 경험에 대해 이야기 나누는 아이들의 모습을 지켜보며 ‘영화를 소재로 놀이를 확장해 볼까?’라는 생각이 들었다. 그래서 아이들이 관심을 가질만한 어린이용 영화 포스터를 여러 장 준비해 보여주었다.

포스터를 보여주자 아이들의 반응은 폭발적이었다. 영화관에 다녀온 경험담이 쏟아지고, 포스터를 인쇄해 교실 벽면에 붙여두니 아는 글자를 읽기도 하고, 그림을 따라 그리기도 했다. 내 예상보다 훨씬 깊게 영화라는 주제에 몰입하는 아이들을 보면서, 동극보다 더 재미있고 자유로운 표현을 할 수 있는 영화를 만들어봐야겠다는 생각이 들었다. 그래서 아이들에게 조심스레 물었다.

"얘들아, 우리도 이렇게 재미있는 영화 한 번 만들어볼까?"

뭔가 재미있는 것을 할 것처럼 물어보는 선생님 목소리에 "네!" 하고 우렁차게 대답하는 아이들. 하지만 곧바로 질문이 돌아온다.

"그런데 우리가 어떻게 영화를 만들어요?

레디 액션! 우리가 만드는 영화!

어떻게 영화를 만들까? 아이들에게 시원하게 제안은 했지만, 막상 시작하려니 나 역시 고민이 많았다. 숱한 고민 끝에 영화를 만드는 모든 과정에 아이들의 생각과 의견을 담자고 결론을 내렸다. 그래서 놀이를 시작하기에 앞서 어떤 부분이 필요할지, 아이들이 어디까지 참여할 수 있을지, 무엇을 지원해야 할지를 전체적으로 계획했다.

아이들은 영화관에서 영화를 본 경험은 있지만 영화를 만드는 과정은 어른들에게도 생소하므로 자칫하면 어렵게 느껴져 흥미를 잃을 수 있다. 오랜 고민 끝에 유아 수준에 맞춰 영화를 만드는 과정을 배역 정하기와 시나리오 짜기, 영화 배경 및 소품 만들기, 촬영하기, 편집과 마무리의 단계로 나누었다. 결과물보다는 과정을 즐기는 데 초점을 두었고, 아이들이 스스로 영화에 참여했고 친구와 협력하며 즐겁게 놀았다고 느낄 수 있도록 지원하는 게 가장 중요했다.

대망의 영화 제작의 첫 단계는 배역 정하기와 시나리오 짜기다. 처음엔 아이들과 이야기 나누기를 통해 시나리오를 먼저 짜고 배역을 정했다. 하지만 그렇게 해보니 시나리오 따로, 아이들이 맡고 싶은 배역 역시 따로였다. 이야기는 재미있게 짓지만, 정작 악역은 누구도 맡고 싶어 하지 않았기 때문이다. 여러 해 시행착오를 거쳐 방식을 바꾸었다. 맡고 싶은 배역을 먼저 정하고 그 인물이 언제 등장할지, 어떤 대사를 하고 싶은지를 아이들과 함께 정하며 이야기를 엮어가는 방식이 훨씬 효과적이었다. 이 과정은 교사가 주도적으로 끌고 가는 것이 아니라, 아이들의 호흡을 따라가며 자연스럽게 이어가는 것이 중요하다. 어떤 역할을 맡고 싶은지, 어떤 장면에서 등장할지, 다음 친구는 어떤 역할을 하고 어떻게 이야기가 이어질지 묻다 보면 재미있는 시나리오가 금세 완성된다. 아이들이 유명 캐릭터 역할을 그대로 맡으려고 해서 앞에 개성 있는 이름을 붙여야 한다는 조건을 제시하여 캐릭터의 특징을 더욱 도드라지게 하였다. 예를 들어, 단순히 '고양이'가 아니라 '생선 좋아 고양이'라고 이름을 붙이면 아이들이 배역을 이해하기도 쉽고, 촬영할 때 필요한 소품이나 배경을 준비하기도 훨씬 수월하다.

배역을 정하지 못해 어려워하는 아이들에게는 충분히 생각할 시간을 주었다. 또 가정과 연계하여 부모가 역할을 정하는 것에 도움을 줄 수 있도록 지원하기도 했다. 극놀이에서는 참여를 꺼리는 아이들이 종종 있지만, 영화는 미디어를 통해 가족에게 보여줄 수 있다는 장점이 있어 아이들 모두가 적극적으로 참여한다.

배역과 시나리오가 정해지면 대본을 만들어야 한다. 배우는 아이들이기 때문에 아이들이 스스로 정한 줄거리에 아이들이 쉽게 소화할 수 있는 대사를 넣어야 한다. 촬영 장소에 따라 장면을 나누고, 그 안에서 역할별 대사를 정하면 된다. 이 과정은 학급 전체가 한 번에 이야기 나누기를 하면 시간이 너무 길어지므로, 각 장면에 등장하는 유아들을 소그룹으로 묶어 조금씩 정하는 방식이 적절하다. 그래도 대사 만들기가 어렵다면, 생성형 AI에 촬영 장소와 줄거리, 배역을 알려주고 대본 초안을 받아 수정해 사용하는 것도 도움이 된다.

두 번째 단계는 영화 배경과 소품 만들기다. 첫해엔 아이들이 말한 소품을 유치원 교육과정 시간, 방과후과정 시간에 거쳐 만들기 위해 엄청 힘들었다. 며칠간 아이들과 노력해도 영화 촬영을 앞두고 더 사실적으로, 더 멋있게 소품을 만들고 싶어 하는 아이들의 모습에 어떻게 해야 하나 고민되었다. 고민 끝에 가정과의 연계에서 답을 찾았다. 영화 줄거리는 철저히 비밀로 유지하도록 아이들과 약속하고, 집에서 활용할 수 있는 소품을 가져올 수 있도록 했더니 아이가 말한 대로 복잡한 소품을 만들어오기도 하고, 가정에서 역할에 딱 맞는 요술봉을 가져오기도 했다. 덕분에 더욱 생동감 넘치는 연기를 할 수 있었다. 그리고 배경 같은 경우에는 완벽하게 하려고 하기보다는 아이들이 만들어가는 재미를 느낄 수 있도록 아이들과 함께 만들었다.

세 번째 단계는 촬영하기다. 나는 영상 편집을 할 때 컴퓨터나 태블릿보다 스마트폰이 편해 항상 스마트폰을 활용했다. 촬영은 보통 오후에, 해당 장면에 필요한 유아들만 데리고 진행했다(촬영을 하지 않는 아이들은 방과후과정 선생님과 즐거운 놀이를 한다). 기기가 주변 소음을 그대로 담기 때문에 어쩔 수 없는 선택이었다. 여러 명이 촬영할 때 아이들은 자신의 대사를 기억하며 이야기 흐름을 파악했다. 친구가 연기하는 모습을 보며 즐거워하기도 하고, 자기 차례가 되면 긴장해 얼기도 하고, 또 끼를 마음껏 펼치기도 한다. 아이들에게는 영화 촬영이 처음이라 첫 촬영부터 완벽한 장면을 얻기는 어렵다. 특히 평소 목소리가 큰 아이들이 촬영만 하면 모기 목소리가 나오는데 이런 경우에는 걱정하지 않아도 된다. 편집 앱의 음량 보정 기능을 활용하면 문제를 해결할 수 있기 때문이다. 발음이 부정확한 유아들의 특성상 자막을 넣는 것이 좋다. 학부모에게는 영화 내용의 이해를 돕고, 아이들에게는 한글 읽기의 기회가 되어 일석이조의 효과를 누릴 수 있다. 촬영을 할 때는 빨리 찍어야 한다는 부담감을 내려놓고, 유아가 직접 만든 이야기 속 배역을 맡아 표현력과 주도성을 기르는 데 의미가 있다는 점에 초점을 두고 일주일 정도 기간을 두고 여유 있게 진행하는 편이 좋다. 그러다 보면 아이들이 "선생님 다시 찍고 싶어요!", "선생님 저는 언제 촬영해요?", 친구에게 "닌 촬영 다 했어?"라며 기대를 표현한다.

영화를 촬영해요

촬영이 끝나면 마지막 단계는 편집이다. 영화 준비부터 촬영까지도 벅찬데 편집까지 해야 한다니 걱정될 수도 있다. 그러나 각종 업무를 처리할 시간을 고려하여 편집 역시 촬영 기간과 마찬가지로 일주일

정도 여유를 두면 한층 수준 높은 영화를 완성할 수 있다. 영화의 마지막 장면에는 실제 영화처럼 사진과 이름, 배역이 포함된 엔딩 크레딧을 넣어 편집했다. 아이들은 자신이 진짜 배우가 된 것처럼 뿌듯해했고, 가족들 역시 큰 감동을 받았다.

영화를 보려면 영화관이 필요해요

교사가 편집을 마치고 영화를 업로드하는 날은 곧 영화 개봉일이 된다. 아이들은 그날을 손꼽아 기다리며 교실을 영화관으로 꾸몄다.

먼저 영화관 좌석을 만들었다. 실제 영화관에 가본 경험도 떠올리고 사진을 찾아보며 "우리 반 영화관은 마음대로 만들어도 된다"는 교사의 제안에 아이들은 상상력에 날개를 달았다. 벽돌블록, 자석블록, 빨대블록, 음식 모형 등 다양한 놀잇감으로 나만의 창의적인 영화관 좌석을 만든 것이다. 누워서 볼 수 있는 좌석, 동그라미 좌석, 친구와 둘이 함께 앉을 수 있는 좌석 등 각양각색의 자리가 완성되었다.

누워서 보는 좌석

자리를 다 만들고 나면 영화관의 꽃인 매점 놀이가 시작된다. 책상을 요리조리 배치하여 입구를 만들고, 컵에 음식 모형을 담아 진열했다. 매점에서 파는 음식을 종이에 적어 메뉴판을 만들고, "내가 사장을 맡겠다"며 역할도 나누었다.

한편 다른 모둠 아이들은 영화를 보려면 영화 티켓이 있어야 한다며 티켓 만들기 놀이를 펼쳤다. 색종이를 잘라 숫자를 적고, 좌석에 같은 숫자가 적힌 곳에 가서 앉아야 한다고 말한다. 이를 놓치지 않고 친구들에게 소개하자 교실 전체가 좌석 번호를 정하는 놀이로 이어졌다.

나는 아이들의 기대감을 높이기 위해 캔바로 각 등장인물의 포스터를 제작해 복도에 전시했다. 그러자 아이들이 "우리가 영화 촬영하면서 썼던 소품도 복도에 전시하면 좋겠어요."라고 제안하여 다른 반 친구들도 영화 소품과 의상을 써볼 수 있는 체험존까지 생겼다. 이렇게 영화 개봉을 기다리며 교실은 매번 새로운 영화관으로 변했고, 아이들의 상상은 놀이 속에서 더욱 자라났다.

유아들이 직접 정한 역할로 만든 포스터

'사랑번개 영화관' 완성!

오늘은 개봉일입니다

드디어 기다리고 기다리던 영화 개봉일! 아이들이 손꼽아 기다리던 영화는 월요일 오전 11시, 교실에서 개봉했다. 개봉에 앞서 유치원 전체에 포스터를 전시하고 다른 반 친구들을 초대해 함께 영화를 관람했다.

교실의 블라인드를 모두 내려 깜깜하게 만든 뒤, "영화 시작합니다!"라는 유아의 알림과 함께 상영이 시작되었다. 아이들은 TV 화면 속 자신의 모습을 뚫어져라 보았다. 웃긴 장면에서는 깔깔 웃고, 긴장감이 넘치는 상황에서는 진지한 표정으로 몰입했다. 영화를 보는 아이들보다 그 모습을 지켜보는 내가 더 신이 났다. 영화가 끝이 나고 박수를 치는 아이들. "선생님 진짜 재미있어요! 다시 보고 싶어요." 이 맛에 영화를 만든다.

매달 첫째 날 강당에서 조회가 열리는데, 그 시간에 우리 반 놀이를 소개하며 전교생이 함께 영화를 보았다. 이번에는 아이들이 영화에만 집중하지 않고, 다른 반 친구들의 반응을 살폈다. 모두가 영화에 푹 빠져 몰입하는 모습을 보고 아이들은 뿌듯한 듯 미소를 지었다.

영화 개봉! 전교생과 함께 보기

나는 완성된 영화를 유튜브에 링크를 가진 사용자만 접근할 수 있는 일부 공개로 업로드한다. 그리고 링크를 보호자에게 공유하여 가정에서도 볼 수 있도록 한다. 아이들이 몇 주간 유치원에서 영화를 만든다고는 했는데 어떻게 생활하나 궁금해했

놀 궁리 한 뼘 더! “선생님 유튜브에 올려주세요!”에 대처하는 방법

- 영상물을 만들다 보면 유아들에게 “유튜브에 올려주세요.”라는 요청을 종종 받아요.
- 유튜브에 일부 공개로 업로드해 보세요.
  - 링크를 가진 사람만 접근이 가능하니 유아 개인정보를 보호할 수 있어요.
  - 유튜브 상단의 만들기 〉 동영상 선택 〉 설명 기재 및 아동용 여부 체크 〉 하단의 다음 〉 ‘저장 또는 게시’에서 ‘일부 공개’ 선택 시 우측에 있는 링크를 복사하여 보호자에게 안내하면 공유돼요.

공개 상태

○ 비공개
● 일부 공개
○ 공개

던 보호자에게 특별한 선물이 된다.

영화관 놀이를 통해 아이들은 모든 과정에서 즐거움을 경험했다. 배역을 정하고 시나리오를 만들며 상상력을 키우고, 영화 촬영을 하면서 표현력을 기를 수 있었다. 완성된 영화를 감상하고 타인에게 보여주면서 뿌듯함과 자아존중감을 느꼈다. 늘 시청만 하던 유튜브에 직접 등장한다는 경험은 아이들에게 더없는 기쁨이었다.

디지털을 활용한 놀이를 하면 유아 간 소통이 줄어들 것으로 생각했지만, 영화관 놀이는 오히려 아이들 사이의 소통과 협력을 더욱 키워주었다. 단순히 화면 속 결과를 보는 것보다 그 순간을 함께 만들어가는 과정 자체가 아이들에게는 더 큰 배움이 되었기 때문이다. 이 경험은 디지털 속에서도 유아가 의미 있게 배우며 놀이가 가능하다는 것을 보여주었다. 나는 앞으로도 영화 프로젝트를 꾸준히 이어가며 아이들의 소통과 협력 속에서 드러나는 긍정적 상호작용을 이끌어내고 싶다.

결혼식 놀이 : 진짜보다 더 진짜 같은 결혼식

봄꽃과 함께 시작된 작은 결혼식

봄이 되어 단샘동산(유치원 뒤편 해소의 숲)에 들꽃이 피어나자 아이들은 알록달록한 꽃들에 자연스럽게 관심을 보였다. 나는 꽃다발 도안을 제공하며 아이들의 관심을 이어주었다. 아이들은 도안을 예쁘게 오려 꽃다발을 만들고는 "꽃 사세요! 예쁜 꽃다발 사세요~!"라고 꽃가게 놀이로 확장했다.

바깥놀이 시간에는 단샘동산에서 개망초, 민들레, 토끼풀, 철쭉 등 진짜 꽃을 모아 꽃다발을 만들며 놀이가 더욱 생생해졌다. 그 과정에서 지현이가 "선생님, 우리 이렇게 하니까 결혼하는 것 같죠?"라고 말하자, 아이들의 관심은 '결혼식 놀이'로 옮겨갔다.

마침 4월에서 5월, 가정의 달로 넘어가는 시기와도 잘 맞아 가족의 의미를 알아보면서 결혼식 놀이를 해보면 교육적으로 의미 있겠다는 생각이 들었다. 그래서 아이들과 함께 본격적으로 결혼식 놀이를 시작해 보기로 했다.

선생님, 저희 신랑, 신부 같죠?

우리끼리 결혼식

놀이를 시작하기 전, 아이들과 함께 놀이에 대한 계획을 세워보았다. 교사인 나도 결혼을 하지 않았을뿐더러, 아이들에게도 결혼식이라는 경험은 생소할 것 같아서 보호자께 도움을 요청했다. 가정의 달을 맞이하여 우리 가족에 대해 탐색하는 활동의 일환으로 가정에 있는 부모님의 결혼 앨범을 보내주거나 사진을 학교종이 앱에 업로드해달라고! 다행히 보호자의 뜨거운 참여 덕분에 몇몇 아이들이 부모님의 결혼 앨범을 가져왔고, 앱에도 결혼식 사진과 동영상이 공유되었다.

먼저 교실에서 앱에 업로드된 결혼식 사진과 영상을 함께 감상하니 아이들은 큰 호응을 보였다. 부모님의 실제 결혼식을 영상으로 보며 조금씩 결혼식의 분위기와 의미를 알아갔다. 결혼 앨범을 가져온 유아가 집에서 발표 연습까지 해 와서 친구들에게 부모님의 결혼식을 직접 소개해 주었고, 지난주에 친척 결혼식에 다녀온 유아는 결혼식장에서 본 다양한 사람들과 공간에 대해 자세히 이야기해 주었다. "결혼식은 결혼을 축하해 주려고 사람들이 모인 파티야."라는 지현이의 말에 친구들의 눈이 반짝였다. "파티? 진짜 재미있겠다!!"

이후 아이들과 함께 결혼식 놀이를 하며 필요한 역할에 대해 이야기 나누었다. 가족들의 사진과 경험을 공유해서인지 신랑, 신부를 비롯하여 축가를 불러주는 가수들, 악기 연주하는 사람, 주례 선생님, 손님들 등 다양한 생각이 퐁퐁 솟아났다. 결혼식 순서도 함께 정하며 교실 가운데에는 신랑, 신부가 걸어가는 길을 만들기 시작했다. 교실 천장에는 아이들의 요청에 따라 풍선을 줄에 매달아 장식했다. 어느새 신랑, 신부가 걸어오는 길은 진짜 결혼식장처럼 화려하게 바뀌었다. 시온이가 교실에 있던 드레스 여러 벌을 가져와 "애들아! 신부는 이 드레스 입으면 되겠다!"라고 외치자 모두 환호하며 신부 역할에 어울리는 의상을 고르기도 했다. 이전 놀이에서 만들었던 꽃다발도 모아서 신부가 들 수 있도록 하자며 적극적으로 놀이를 준비하는 아이들이다. 신랑, 신부가 걸어가는 길 옆에는 손님이 많아야 한다며 교실 의자와 쿠션을 챙겨와서 하객석을 꾸몄다. 교실 앞 TV에는 예쁜 화면을 틀어달라고 하여 무대 배경으로 활용했고, 그 앞에서 주례 선생님이 주례 연습을 하기로 했다. 신랑, 신부가 멈추는 자리도 정하고, 무대 옆쪽에서는 가수들이 연주해 주면 재미있겠다며 상상의 나래를 펼치는 숲님이들!

이야기 끝에 아이들은 결혼식 순서를 스스로 정리했다. 신랑, 신부가 함께 입장하고, 주례 선생님 앞에 서서 주례 선생님의 말씀을 듣고 대답하기. 손님들을 보며 인사하고, 다시 퇴장! 그다음은 손님들과 기념 촬영하기. 역할도 나누고 신랑, 신부는 복도에서 대기하고, 사진 기사와 축가 가수들, 주례 선생님, 손님들로 역할을 다양하게 나누어 놀이를 준비했다.

"결혼식 시작합니다~!"라는 외침과 함께 손님들은 자리에 앉고, 곧이어 가수들의 축하공연이 열렸다. 리듬악기를 들고 춤을 추던 아이들이 음악을 틀어달라고 요청하여 얼른 음악을 준비해 주었다. 그러자 흥이 넘치게 춤을 추며 분위기를 톡톡히 살리는 가수들! 곧이

신부 손가락에 반지 끼우기

가수들의 결혼 축하공연

어 주례 선생님이 손님들에게 인사하고, "신랑, 신부 입장~~"이라며 우렁차게 신랑, 신부를 불렀다. 결혼 행진곡에 맞춰 신랑, 신부가 사이좋게 입장하고 손님들은 박수로 맞이했다. 주례 선생님 앞에서 결혼 서약을 하고, 손님들과 사진을 찍으며 첫 번째 결혼식 놀이가 마무리되었다.

아이들과 함께 모여 방금 해본 결혼식 놀이를 평가했다.

"방금 결혼식 놀이 해보니까 재미있었지? 더 재미있게 놀이하려면 뭐가 필요할까? 선생님이 도와줄게!"

놀이를 평가하고 재구성하는 과정 속 아이들은 주도적으로 자신의 생각을 말한다.

"손님들이 구경만 하니까 조금 심심해요. 신랑, 신부가 지나갈 때 꽃가루 뿌려주고 싶어요!"
"결혼식 끝나면 맛있는 뷔페 먹잖아요. 우리도 뷔페를 만들어서 음식을 먹으면 어때요?"
"다른 반도 초대해서 결혼식 더 크게 하고 싶어요!"

아이들의 다양한 생각이 쏟아지고, 아이들의 말대로 공간을 재구성한다. 아이들의 의견에 따라 복도를 뷔페 공간으로 꾸미고, 꽃가루 뿌리기, 다른 반 초대하기 등 새로운 요소를 놀이에 추가했다. 놀이가 반복될수록 신랑과 신부, 다른 역할은 계속 바뀌면서 아이들의 상상과 아이디어가 더해졌다. 똑같은 놀이 같지만 시간이 지나며 결혼식 놀이는 조금씩 확장되고 깊어졌다.

놀이가 끝난 후 평가하는 시간은 꼭 필요한 과정이다. 아이들이 스스로 놀이 속에서 느낀 점과 개선할 부분을 찾아내며 성찰하고, 교사는 그 과정을 지원하며 유아의 발달을 돕기 때문이다. 이러한 과정이 켜켜이 쌓일 때, 단순한 즐거움을 넘어 놀이를 통한 진정한 성장이 이루어진다.

결혼식에는 하객도 필요해요!

다른 반을 초대하고 싶다는 아이들의 말에, 동료 선생님들과 협의하여 요일별로 우리 반에 놀러오도록 계획을 세웠다. 첫날은 별다락반 동생들이 찾아왔다.

별다락반 동생들이 맡은 역할은 바로 손님! 손님들이 자리에 앉자마자 주례 선생님이 말한다. "안녕하세요. 저는 오늘 결혼식 주례를 맡은 김수리입니다. 지금부터 현지욱 신랑과 지가윤 신부의 결혼식을 시작하겠습니다. 먼저 숲다락 가수들의 축하공연을 시작하겠습니다." 주례 선생님의 말이 끝나자 가수들이 무대 앞으로 나와서 그동안 갈고 닦은 실력을 뽐낸다. 노래에 맞추어 리듬악기 연주도 하고 춤을 추는 아이들. 처음 보는 광경에 동생들도 놀람과 즐거움이 뒤섞인 표정으로 큰 박수를 보냈다. 그 모습을 사진 기사가 카메라에 담으며 "여기 보세요~"라고 외쳤다. 이어 "신랑, 신부 입장~~"이라고 외치는 주례 선생님의 선언

동생들을 초대한 결혼식, 신랑, 신부 입장!

과 함께 결혼 행진곡이 울려 퍼지고 신랑, 신부가 아름답게 등장했다. 동생들은 준비해 둔 퐁퐁이 공을 신랑, 신부에게 던져주며 축하했고, 주례 선생님 앞에 도착한 신랑, 신부는 진지한 표정으로 주례 선생님의 질문에 대답을 한다. 마지막으로 신랑이 신부의 손가락에 반지를 끼워주자 하객들의 환호와 박수로 축하하며 결혼식이 마무리되었다.

결혼식 기념사진 촬영을 마치고 결혼식 놀이에 화룡점정을 찍을 과자 뷔페로 넘어가려고 하는데, 별다락반 유아 한 명이 나에게 다가와 말했다.

"선생님 저도 결혼하고 싶어요."

손님 역할로만 참여했던 아이가 이제 자기가 신부 역할을 맡고 싶다고 말하니, 교사로서 큰 기쁨이 느껴졌다. '동생들이 보기에도 재미있어 보였구나.'라는 생각이 들었다. 그래서 곧바로 역할을 바꾸어 별다락반 손님들 중에서 결혼하고 싶은 신랑, 신부가 있으면 무대에 설 수 있도록 했다. 그러자 우르르 손드는 아이들. 결국 결혼식을 여러 번 반복하면서 결혼식 놀이가 점점 무르익었다.

여러 번의 결혼식을 즐긴 후에는 복도에 마련해 둔 과자 뷔페로 이동했다. 뷔페 요리사와 직원 역할을 맡은 아이들이 손님들에게 이용방법을 친절하게 안내했다.

"여기서 접시를 하나 챙기고 자기가 먹고 싶은 음식을 조금씩 담아서 저기 자리에 가서 먹으면 됩니다."

결혼식 후 뷔페를 즐기는 유아들

동생들은 안내에 따라 음식을 담아 맛있게 먹으며 즐거운 시간을 보냈다. 놀이를 지원하며 시계를 보니 어느새 1시간이 훌쩍 지나 있었다. 시간에 구애를 받지 않아 유연하게 유아의 흥미와 관심에 따라 수업 시간을 조절할 수 있다는 점과 시간이 길어져도 아이들이 깊이 몰입하고 집중하며 자유로운 흐름 속에서 배우고 성장하는 과정이 유아교육의 가장 큰 매력이다.

결혼식 놀이가 남긴 배움

아이들이 결혼식 놀이에 푹 빠져서 다른 반을 초대해서 4일 연속 수많은 커플들의 결혼식을 열어 주었고, 원내 이음을 실천할 수 있었다. 아이들이 결혼한다는 발상이 주는 즐거움뿐 아니라, 각자 맡은 역할을 소화해내면서 놀이를 이끌어가는 주도성을 기른 숲님이들. 우리가 함께 만든 놀이를 다른 반과 공유하면서 놀이의 규모와 재미가 더욱 커졌다.

놀이를 마무리하며 아이들과 함께한 놀이에 대해 평가했다. 결혼식 놀이를 하면서 느낀 점, 가장 재미있었던 순간, 다음에는 어떤 놀이를 하고 싶은지 자유롭게 생각을 나눈 후 아이들에게 이야기를 건넸다.

"부모님도 서로 사랑해서 결혼을 했고, 그렇게 낳은 게 너희야. 엄마 아빠가 사랑해서 낳은 나는 어떤 사람일까?"
"소중한 사람이에요!"
"맞아, 나는 소중한 사람이지. 그러면 옆에 있는 친구는?"
"친구도 소중한 사람이에요."
"숲다락반 친구들 모두, 선생님도, 이 세상 모든 사람들도 다 사랑해서 태어난 소중한 사람이야. 그럼 우리는 서로를 어떻게 대해야 할까?"
"착하게, 소중하게 대해야 돼요."

이처럼 결혼식 놀이는 단순한 역할놀이를 넘어 나와 가족, 나와 다른 사람의 소중함에 대해 다시금 일깨워주는 놀이가 되었다.

처음 놀이를 시작할 때 '결혼식 놀이는 유치원에서 단골 놀이 주제라 자칫 전형적이고 일회성으로 끝나지 않을까?' 하는 걱정이 있었다. 그러나 아이들의 의견을 존중하며 놀이를 펼쳐나가자 놀이를 지원해 주면서도 신이 나는 나 자신을 발견할 수 있었다. 어떤 놀이든 우리 반 아이들의 생각과 아이디어가 더해지면 특별한 우리 반만의 맞춤형 놀이가 된다는 사실을 다시 한번 깊이 느낄 수 있었다.

3장 반짝반짝 빛꿈의 놀이이야기

일본 축제 놀이 : 일본 축제, 어디까지 가봤니?

2024년 봄, 날씨가 따뜻해지자 우리 반 친구들은 학교종이 앱에 가족과 다녀온 다양한 지역 축제 사진을 올리기 시작했다. 벚꽃 축제, 산수유 축제, 일본 여행 사진 속 장면까지. 축제장에서 먹었던 탕후루, 솜사탕, 소떡소떡을 놀이 시간에 직접 만들기 시작했다. 교실의 다른 한쪽에서는 산리오 캐릭터와 포켓몬스터 캐릭터 그리기가 한창이었다. 아이들은 삼삼오오 머리를 맞대고 모여 앉아 다양한 크기의 종이에 캐릭터 그림을 보지 않고 쓱쓱 능숙하게 밑그림을 그려 친구들에게 나눠주거나, 누가 더 비슷하게 그렸는지 비교하며 이야기꽃을 피웠다.

"얘들아, 산리오랑 포켓몬스터는 일본 캐릭터래."
"맞아. 나 산리오 책 샀는데 일본 글씨 적혀 있었어."
"일본은 나쁜 나라야. 우리 아빠가 나쁜 사람들이래."
"일본 여행 갔을 때 나쁜 사람 없었어. 모두 나쁜 건 아니야."

다음 놀이 주제를 고민하던 나는 아이들의 대화를 듣고 생각에 잠겼다. '우리 반 아이들이 좋아하는 캐릭터와 축제를 통해 가까운 나라 일본을 새롭게 알아보는 기회로 삼으면 어떨까?'

일본 놀이의 시작은 음식!

"우리가 알고 있는 일본에 대해 이야기를 해 보자."

아이들은 곧장 일본 음식을 떠올렸다. 초밥을 시작으로 타코야끼, 우동 등 자주 먹어본 음식 이름이 줄줄이 나왔다. 그래서 일본 음식을 시작으로 의복, 국기 등 일본의 상징과 다양한 문화를 살펴보았다. 이야기가 끝난 뒤 회전초밥이 계속 생각났던 도경이는 교실의 긴 의자들을 모아 회전초밥 식당을 꾸미고 손님을 초대했다. 아이들은 음식이 돌아간다고 상상하며 접시를 집어서 먹고, 접시를 쌓아 사장님에게 건네주었다. 나는 이 놀이를 좀 더 확장해야겠다고 생각했다. 일본 사람들이 축제 때 즐겨 입는 옷을 역할 옷걸이에 걸어두었고, 그 모습을 본 옆 반 선생님도 집에 있던 기모노와 신발, 가방을 지원해 주셨다. 교실 옷장엔 어느새 일본 전통 의상과 놀이에 활용할 수 있는 옷들이 가득 채워졌다. 아이들은 등원하자마자 "얘들아, 여기 일본 사람 옷 있다! 이거 오늘 식당 할 때 입으면 돼." 하며 자연스럽게 일본 의상을 접했다. 아이들은 의상을 입고 거울 앞에서 이리저리 자세를 잡더니 벽돌블록에 아이링고 블록을 색별

여기는 셀프 회전초밥집이에요!

타코야끼 맛집입니다. 서비스도 드려요!

로 꽂기 시작했다. 그러고는 교사를 찾아와 메뉴판 쓰는 것을 도와달라고 했다. 아이링고 블록은 타코야끼가 되었고, 블록 색마다 의미가 있는 재미있는 맛이 나오기 시작했다. 기억에 남는 초록색은 녹차맛 타코야끼! 너무 실감나서 정말 일본에 있는지 알아보고 싶을 정도였다.

옆에서는 이면지로 봉투를 접어 타코야끼를 담아주었고, 또 다른 친구들은 긴 젓가락으로 타코야끼를 하나하나 굽는 사장님 역할을 맡았다. 바로 옆에 앉아 있는 친구는 타코야끼가 팔릴 때마다 빈 구멍에 타코야끼를 채워 넣느라 바빴다. 동네 목요 장터 푸드트럭에서 본 타코야끼 사장님 모습을 관찰한 그대로 재현한 것이었다. 그리고 그 주에 우리 반 아이들 대부분이 목요 장터에서 타코야끼를 맛보고 와서 타코야끼 소스도 만들며 음식 장사에 재미가 붙기 시작했다.

"문어가 쫄깃쫄깃합니다. 서비스도 드려요."

한편, 어제 초밥을 만들던 친구들은 회전 초밥이 이동하는 것을 연구하기 시작했다. 맨 처음은 스케치북 위에 음식을 올려 좌우로만 움직임을 주다가 동호가 "선생님 도화지를 많이 주세요. 우리가 테이프로 붙여서 벨트처럼 만들게요."라고 하였다. 처음에는 도화지를 이어 붙여 벨트를 밀면서 요리 접시를 움직이더니 요리 접시들이 여러 개 올라가니 무게 때문에 도화지 가장자리가 찢어지게 되었다. 아이들에게 새로운 방법을 찾아보자고 제안하자 비닐을 달라고 했고, 교실에 있던 아세테이트지를 책상 폭만큼 잘라 주니 아이들이 이것을 이어 붙였다. 이번에는 투명한 벨트가 아주 튼튼해서 초밥 식당에서 아이들의 웃음소리가 끊이질 않았다. 그렇게 초밥 식당은 계속해서 발전하고 결국 라인코딩 로봇으로 초밥 접시를 배달하는 놀이가 되었다. 이 과정을 지켜본 교사가 처음부터 끝까지 이 과정에 참여한 유아의 노력을 응원해 주고 칭찬해 주자 "내가 이걸 만들었어요!" 하며 뿌듯해하던 그 친구의 표정을 잊을 수 없다. 만약 회전초밥 가게를 처음 떠올린 친구가 한 번에 라인코딩 로봇을 발견했다면 이 놀이가 우리 반에서 이렇게 오래 지속되지 않았을지 모른다. 하지만 우리 반 친구들은 우리 반만의 회전초밥 놀이의 발전 역사를 만들며 놀이를 이어갔다. 종이로 시작했던 회전 식탁이 투명 벨트를 거쳐 최신 로봇 배달까지 성장하는 과정을 말이다. 방과후과정 놀이시간에 했던 코닝 로봇을 회전초밥집에 어찌 적용할 생각을 했을까? 아이들의 변화하는 놀이는 정말 과정 그 자체가 매력 있는 과정이고 교사 역시 그 과정에서 함께 궁리하며 성장하는 배움의 시간이 되었다. 교사가 미처 생각하지 않았던 곳까지 배움이 번지고 있다.

우리는 일본 전통 놀이가 재미있어요

축제장에서 놀이와 게임이 중요하다고 말했던 친구들은 처음에는 '풍선 터트리기', '인형 뽑기' 등 친구들이 직접 경험한 놀이를 교실에서 만들고 싶어 했다. 그때 교사가 "얘들아, 일본 사람들은 무엇을 하면서 놀까?" 질문하자 아이들은 일본 아이들이 하는 놀이를 궁금해했다. 그래서 아이들과 일본의 축제와 놀이를 알아보니 일본은 정말 다양한 축제를 즐기고 있었다. 그중에서도 캐릭터 축제가 있음을 알

우리가 그림 그려줄까요?

고 아이들이 좋아하는 캐릭터를 그려주는 캐릭터 가게를 만들자고 했다. 그래서 솜씨 좋은 아이들이 자리를 잡고 앉아 다른 친구들이 그려달라고 하는 캐릭터를 그려주고 색칠하는 코너가 만들어졌고, 이 장면은 축제장에서 캐리커처를 그려주는 부스를 떠올리게 했다. 아이들은 친구가 원하는 그림을 그려주고, 주문한 그림을 받으며 기분 좋게 색칠하는 체험 부스가 되었다.

"선생님, 우리 진짜 일본 사람처럼 놀이해 보고 싶어요."라고 했던 아이들에게 "진짜 일본 사람처럼 축제하는 건 어떤 거야?" 하니 "일본을 알리고, 일본 사람들이 좋아하는 놀이를 알려주고 싶어요."라고 했다. 일본의 전통놀이인 금붕어 잡기, 달마 아저씨, 눈 가리고 얼굴 만들기, 대나무 날리기 등의 유래를 알아보며 필요한 놀잇감을 만들어보기도 했다. 정말 해보고 싶은 일본 전통놀이는 인터넷으로 주문했다. 아이들은 하나하나 놀잇감이 생길 때마다 소개하는 글과 영상을 보며 처음 해보는 일본 전통놀이에 빠져들었다.

눈 가리고 얼굴 만들기(일본 전통놀이)

"선생님, 이거는 헬리콥터랑 비슷하네요."
"얘들아, 이거는 낚시 놀이랑 비슷하다."

교사가 알려주지 않아도 아이들은 이미 우리가 알고 있는 것과 새로운 것을 비교하며 같은 점과 다른 점 등을 자유롭게 발견하고 이야기 나누고 있었다.

우리만의 특별한 일본을 알리는 축제에 오세요!

우리가 일본 축제 놀이를 준비하고 있을 때 바로 옆 반에서는 비행기 놀이가 한창이었다. 두 반의 놀이가 다르게 전개되어 있어 옆 반 선생님과 함께 두 반의 놀이를 연결할 지점에 관해 이야기를 나누다가 '비행기를 다고 일본 축제에 오는 여정'을 만들어 함께 어울리는 놀이가 되었다.

다음날 아이들에게 옆 반 친구들이 꿈항공 비행기를 타고 우리 반 축제에 오고 싶어 하는데 우리가 좀 더 준비해야 할 것을 생각해 보자고 했다. 빛님이들은 반짝반짝 빛나는 눈빛으로 '매표소', '기념품 가게', '일본 문화 퀴즈', '퍼레이드'를 생각해 냈다. 축제에 입장할 때 입장권을 만들기 위해서 아이들과 캔바로 우리 반의 일본 축제 입장권을 디자인했다. 기념품 가게에서는 우리가 만든 캐릭터로 키링도 만들고, 반지도 만들어두기로 했다. 그 당시 교사의 고민은 '퍼레이드'였다. 아이들이

축제 개장 5분 전! 두근두근

비밀 퍼레이드 준비

그토록 하고 싶어 하는 퍼레이드를 어떻게 할 것인지, 누가 할 것인지, 무엇으로 할 것인지 도무지 감을 못 잡던 때였다. 역시 아이들이 해답을 알려주었다.

"선생님! 비밀 퍼레이드여서 우리가 불빛 같은 거를 들고 축제에 온 사람들도 다 함께 춤도 추고 노래도 하면 좋겠어요."

리나는 최근 가족과 함께 놀이공원에서 본 야간 퍼레이드를 떠올리며 재미있는 제안을 해주었다. 그래서 야간 퍼레이드 영상을 찾아보며 다 함께 퍼레이드 동작과 어울리는 음악을 고르기 시작했다. 우리 반 친구들이 강조하는 점은 세상에 단 하나밖에 없는 비밀 퍼레이드라며 야심차게 준비했다. 그리고 며칠 동안 유치원 계단 곳곳에 축제 홍보 포스터를 야무지게 붙이며 축제 초대일을 기다렸다. 그렇게 옆 반 친구를 초대하는 것을 시작으로 가족, 동생 반 친구들, 초등학교 선배 등을 초대하며 일본어로 인사말, 환영하는 말을 알아 와서 상황에 맞게 적용해 보는 센스쟁이 빛님이들! 일본에 대해 알게 된 사회지식을 스케치북에 퀴즈로 적어 문제를 내는 코너를 만들었다. 묻고 답하는 놀이를 하다가 동생 반 초대일이 다가오자 다연이가 말했다.

"선생님, 동생들은 일본을 모를 수도 있으니깐 보기를 적어줘요. 1번 한국, 2번 일본, 3번 중국 이렇게요."

축제에 오는 대상에 맞게 놀이를 준비하는 모습은 감동적이기까지 했다. 나아가 초등학교 선배들을 초대하는 날은 더 발전해서 퀴즈 자체를 1단계, 2단계로 만들어두어 2단계 퀴즈는 선배들이 쉽게 정답을 고르지 못하도록 어려운 문제를 만들고, 글자를 쓸 수 있는 친구가 그 문제를 받아적었다. 그 모습을 보니 그렇게 흐뭇할 수가 없었다. 아이들은 자연스럽게 이웃 나라와 우리나라의 문화가 다름을 경험하고 존중하는 태도와 지식을 쌓을 수 있었다.

일본 축제 놀이를 통해 '일본'에 대한 책과 이야기를 계속 알아보던 친구는 여름방학을 통해 실제 일본으로 가족 여행을 다녀왔다. 일본에서 보고 듣고 경험한 것을 교실에 와서 공유하기도 하며 학기 초에 했던 주제임에도 불구하고 '일본'에 대한 이야기는 일 년 내내 이어진 것 같다. 예를 들어, 일본 상점에서 볼 수 있는 복 고양이(마네키네코)는 색깔마다 상징하는 것이 다르고, 고양이가 인사하는 손의 방향에 따라 의미가 다르다는 것을 보고 와서 이야기해 주었다.

우리가 알게 된 일본의 작은 문화, 우리 주변에서 경험할 수 있는 소재를 교실에 가져와 신나게 소개하며 아이들도 교사도 새로운 문화를 즐겁게 알아가는 시간이었다. 나는 아이들과 축제를 준비하고 축제 놀이를 하는 과정 내내 일본을 무조건 '나쁜 나라'라고 인식하기보다는 직접 경험하고 같은 점, 다른 점을 찾아보며 나중에 아이들이 성장해서 역사 공부를 할 때 특정 나라에 대해 좀 더 다양한 관점으로 다른 나

복을 부르는 복고양이 간판 만들기

라의 문화와 이야기를 경험하고 올바른 역사관을 확립하길 바라는 마음이 간절했다.

그렇게 일본 축제 준비와 축제 놀이 기간을 마무리하며 정리하던 교사에게 아이들이 잊을 수 없는 한마디를 던졌다.

"선생님, 우리 이번에는 미국 축제 놀이 어때요?"

행성 탐사 우주선 놀이 : 치지직-본부 여기 정체불명 암호가 발견됐다

빛다락반 교실에서는 독도수비대 놀이를 이어가고 있었다. 독도수비대를 하며 망원경을 만든 친구들이 독도 모형이 아닌 창문으로 망원경을 돌려 구름, 해를 보며 "진짜 커 보여! 대~박!"이라고 했다. 그러면서 밤하늘을 보고 싶어 했다. 마침 생일을 맞은 승연이의 별자리를 이야기하며 각자 자기의 별자리를 알아보는 활동으로 이어졌다. 아이들의 관심이 별자리뿐만 아니라 밤하늘의 행성, 우주로 뻗어나가자 교사의 고민이 시작되었다. '아이들에게 너무 추상적인 주제가 될 수 있지 않을까? 어렵지 않을까?' 이런저런 고민을 하고 있을 때 유아들이 집에 있는 '우주' 주제의 책을 가져와 친구들과 함께 읽고 싶다고 말하였다.

망원경으로 별을 보고 싶은 친구들

빛님이들의 관심과 궁금증이

어떤 것들일지 구체적으로 알아보는 시간! 빛님이들은 외계인, 태양계, 우주선 발사, 블랙홀, 행성 탐사, 우주인 등에 대해 궁금해했다. 우리는 함께 우주에 대해 차근차근 알아보기 시작했다. 나는 예천에 있는 우주천문센터에서 운영하는 야간 토성 관측일에 참여했고, 머나먼 토성을 직접 보자 정말 신기했다. 책에서만 보던 토성의 고리가 선명하게 보이니 정말 전율이 느껴졌다. 그리고 은하수와 직녀성을 레이저로 설명하는 것을 들으니 밤하늘이 정말 다르게 느껴졌다. 그날을 계기로 밤하늘을 보며 별자리 앱으로 별을 보는 습관이 생긴 것 같다. 이런 교사의 호기심이 유아들의 관심과 흥미를 좀 더 가까이에서 느끼며 궁금한 것을 함께 해결할 수 있는 원동력이 되었다.

신기한 이야기가 있는 행성들

이미 행성을 잘 알고 있었던 아이들은 행성을 영어로 말하며 친구들에게 순서대로 태양계 행성을 소개해 주었다. 그러면서 점점 관심 있는 아이들이 많아지고 책을 보면서 태양에서 가까운 순서대로 행성 지식을 쌓아가고 있었다. 다음날 스케치북을 가져다 놓고 태양부터 가까운 행성을 차례로 그려보며 행성의 모습, 크기 등을 이야기하며 진짜 태양계와 닮아 있는 행성을 입체적으로 만들었다. 한편, 달에 관심이 많았던 규원이는 달에 맨 처음 도착한 우주인과 달 표면의 운석 구덩이 등을 보며 '운석'에 관심을 보였다.

태양계를 똑같이 그려보자!

좀 더 많은 친구와 규원이의 관심사를 공유하길 바라는 마음에 최근 운석 관련 뉴스 영상 찾아 아이들과 함께 보았다. 아이들은 별똥별 하면 '소원 빌기'를 떠올렸지만, 별똥별이 떨어지는 이유를 알게 되었고, 떨어지면서 타다 남은 운석이 지구 표면에 닿아 구덩이가 생긴다는 것을 알고 우리 유치원 근처에도 운석 구덩이가 있는지 살펴보는 조사가 시작되었다. 숲에서 놀이기구로 놀기 바쁘던 아이들이 한동안 숲의 바닥만 보며 이리저리 살펴보기 시작했다. 유치원 뒤에 있는 단샘동산의 크고 작은 웅덩이들이 운석 구덩이로 불리게 되었다.

눈물을 부르는 외계인의 능력

광활한 우주 공간 속에는 수많은 별이 있음을 알고 그중에 지구와 비슷한 별이 있을지, 아니면 생명체가 있을지 생각해 보며 외계인 이야기를 나누던 날. 빛님이 중에 외계인 영화를 본 유아는 손가락을 맞대고 인사하는 외계인과 사람에 대한 이야기를 하고, 생김새가 우리와 많이 다른 외계인, 초능력을 쓰는 외계인을 이야기하며 엉뚱하고 기발한 이야기를 나누는 것만으로 이야기 나누기 시간이 화기애애했다. 나는 외계인을 만나 하고 싶은 것을 생각하며 '미래로 가보기', '투명인간 되기', '『우주 택배』 그림책처럼 외계인 행성 함께 가보기' 등의 상상 질문을 던지며 아이들의 소망 이야기를 듣는 시간이 되어서 즐거웠다. 그중에서도 기억에 남는 순간이 있었다. 바로 외계인을 만나 시간 여행을 간다면 어디로 가고 싶은지 이야기했더니 평소 장난기 넘치는 세윤이가 갑자기 눈시울을 붉히며 "저는 미래로 가지 않고 시간 여행하는 기회를 아꼈다가 내가 어른이 되어서 엄마, 아빠가 돌아가시게 되면 그때… (울먹) 다시 시간을 돌려서 엄마, 아빠를 만날 때 쓸 거예요."라고 대답하다가 엉엉 울기 시작했다. 아이들과 우주와 상상 이야기를 나누지 않았다면 세윤이가 이렇게 깊은 생각을 하는지, 가족을 만나지 못하는 순간을 걱정하고 있었는지 알 수 있었을까? 그날 이후로 세윤이의 속 깊은 면모를 알게 되어 좀 더 이야기에 귀 기울이는 계기가 된 것 같다.

별자리 연구소와 블랙홀

우주에 대한 놀이가 본격적으로 시작되자 방과후과정 선생님께서 별자리에 관심이 이어지는 아이들을 위해 별자리 돔하우스를 만들어 주셨다. 아이들이 그 안에 들어가서 자신의 별자리를 찾기도 하고 별들을 이어 새로운 별자리를 만들어 이름 붙이기도 했다.

우리가 보는 별빛은 아주 오래전 빛을 내던 별빛이 도착한 것이라는 사실을 책을 통해 알아내고 난 후 푸른빛을 내는 나이 많은 별, 붉은빛을 내는 어린 별을 이야기하면서 수많은 별이 블랙홀로 빨려 들어감을 알게 되었다. 블랙홀은 우주의 함정 같아서 무엇이든 빨아들인다고 했고, 블랙홀로 들어간 별이 어디로 가는지 상상해 보기도 했다. 교실에서 블랙홀을 만들려고 검정 비닐로 소용돌이를 만들던 아이들은 훌라후프에 비닐을 이어 붙여 천장에 매달고 싶어 했다. 그래서 완성된 검성 비닐 훌라후프는 천장에 매달아보기로 했지만 다음 날 아이들은 블랙홀 훌라후프의 용도가 변경되었다고 했다.

블랙홀을 만들어보자!

"너희가 만든 블랙홀을 어디에 달아볼까?"

"아니요. 오늘 이걸로 운석이 떨어지는 것을 만들기로 했어요."

"운석이 떨어진다고?"

"원래 블랙홀 만들려고 했는데 진짜 블랙홀처럼 사라지는 것이 아니라 그 안에 가만히 있어야 해서 시시해요. 운석이 날아다니는 것처럼 만들면 재미있을 것 같아요. 크레이터(운석 구덩이)도 만들 거예요."

"어떻게 그런 생각을 했어? 너무 기대된다."

사실 그 검정 훌라후프는 블랙홀에서 운석 꼬리, 운석 터널로 기능이 계속 바뀌기는 했지만, 아이들은 결과물보다 친구들과 공동의 목표를 정하고 며칠씩 끙끙거리며 만드는 그 과정을 떠올리며 즐거워했다.

우주선에 화장실이 있다고? 우주선 발사, 우주정거장

우주복을 입고 중력이 거의 없는 우주를 걷는 시늉을 하며 유영하는 아이들, 우주선을 열심히 만들어 우주선 발사체가 탐험을 떠나기 위해 준비하는 과정에 관심을 두는 아이들이 있었다. 우주선 조종실처럼 수많은 기능의 버튼을 만들고, 헤드폰을 끼고 조종하는 아이들이 우주선 밖에 있는 친구들과 통화하는 모습을 보고 교무실에 있는 무전기를 몇 개 가져다 놓자 놀이가 확장되기 시작했다. 아이들은 입으로 우주선이 날아가기 위해 폭발음에 가까운 소리를 동시에 내며 조종을 시작했다. 우주선에 타고 떠날 친구들은 우주선 안에 마련된 의자에 앉아 벨트를 매는 동작을 한 후 목적지에 도착하기를 기다렸다. 우주 탐험선과 관련된 정보책에서는 우주정거장이

우주선 조종실

변신하는 우주선

있어 '도킹'을 통해 부품을 교체하기도 하고, 연료를 보충하기도 하고, 다시 지구에 돌아오지 않고 문제를 해결하는 방법이 있음을 알게 되었다. 아이들은 머리를 모았다. 책으로만 읽을 때 도킹은 우주선과 인공위성처럼 생긴 것이 단순히 만나는 것처럼 보였지만, 영상으로 보니 움직이는 우주선과 우주정거장이 만나려면 고도의 기술이 필요함을 알았다. 그래서 아이들은 바퀴가 달린 교구장을 밀어 우주선의 한 면과 붙이기만 하려고 했던 계획에서 교구장을 빠르게 돌려 우주선 일부와 합체하는 시도를 했다. 정말 영상에서 본 그 장면을 그대로 실현하고 싶어 했다. 조종역할을 좋아했던 도현이도 "선생님, 우주선을 좀 더 교실 텔레비전 쪽으로 붙여서 우주 영상을 틀어주면 좋겠어요."라고 했다. 아이들이 바라는 우주 공간 영상을 급하게 찾아 텔레비전에 보여주며 교사 책상에서 교실을 살펴보는데 교실 창문 앞에 도경이가 열심히 무언가를 만들고 있었다. 도경이는 평소 자신이 좋아하는 '공룡'이라는 주제를 새로운 놀이에 잘도 연결해서 놀이하는 친구였기 때문에 이번에는 무엇을 만드는지 너무 궁금했다. 얼른 우주비행 영상을 틀어놓고 창가에서 집중하고 있는 도경이에게 다가가 보니 플레이콘으로 납작한 무언가를 만드느라 정신이 없었다.

"도경이! 뭐해~"
"저는 지금 바빠요. 우주 식량 만들어요."
"우와~ 우주 식량이라고? 어떤 음식인데?"
"팝콘, 옥수수, 초밥, 이건 과자예요."
"아니야! 우주에서는 이런 음식 먹으면 상해. 얼어 있어야 해."
"왜?"
"말리거나 얼려서 상하지 않도록 해야 하고, 진공포장 해야 해. 맞죠?"
"우주비행을 하려면 오래 걸리니깐 상하지 않도록 하려면 그렇게 해야 할 것 같은데?"
"그럼 이거 진공포장만 하면 돼요. 어차피 말라 있어요. 근데 진공이 뭐지? 진공청소기? 으하하."

도경이의 장난스러운 말장난에 무릎을 '탁' 치게 되었다. '진공포장'이라 지퍼백 정도만 제공하려고 했는데 진공청소기라는 말에 차 안에 가지고 다니는 핸디 청소기가 생각났다. 그래서 그 청소기를 가져와서 '진공'이라는 말을 설명하며 도경이가 한 말을 통해서 생각났다고 했다. 핸디 청소기 사용법을 알려주며 진공포장하는 방법을 찾아보자고 제안했다. 새롭게

우주 식량 팝니다!

우주 식량에 흥미를 보이는 친구들까지 더 모여서 우주 식량을 만들고 포장하기가 그날 오후 놀이시간으로 이어졌다. 도경이는 자신이 시작한 놀이에 많은 친구가 모여 함께하는 상황을 흐뭇하게 바라보고 있었다. 잠시 후 점차 공간을 책상으로 넓히며 친구들에게 앉으라고 자리를 내어주었다. 도경이가 평소 자신이 관심 있던 주제는 아니지만 새로운 주제에 관해 관심을 갖고 또래와 소통하며 놀이 과정에 참여하는 과정을 보니 너무나 기특했던 순간이었다. 이후에도 도경이는 우주 놀이가 마무리될 때까지 우주 식량을 책임지며 우주인의 건강을 지키는 역할을 잘해주었다.

동결건조 우주 식량 제조실

우주선 안에는 식당 말고도 자는 동안 떠다니지 않도록 벨트로 고정하는 수면실, 체력 단련실, 화장실 등이 있다는 것을 알고 우주정거장과 우주 선체에 이런 특별 공간을 만들고자 하는 친구들도 있었다. 그리고 우주선이 튼튼한지를 체크하며 연료를 채워주고 수리를 하는 곳 등 점차 빛다락반 우주선에 새로운 공간들이 마련되고 있었다. 우주선 놀이를 준비하며 배경지식이 풍부해졌고 이후 우주 탐사 놀이에 초대되어 오는 친구들에게도 자신이 알고 있는 만큼 자신 있게 설명할 수 있게 되었다.

환경탐사 중인 우주인

미지의 행성 탐사

아이들과 처음에는 '수성', '금성' 순으로 우리가 책을 통해 알게 된 태양계 행성들을 탐사하는 상황을 만들어 목적지를 실제 행성의 가스, 흙먼지 등의 특성을 살려 교실에 꾸며보고 어떻게 탐사할 것인지 임무를 정하고 탐험하는 놀이를 했다. 그 과정도 재미있었지만 미지의 행성을 탐험하는 것도 재미있을 것 같아 새로운 행성 탐사 놀이를 계획했다. 아이들이 만든 탐사 임무는 지질탐사(흙이나 운석 구덩이 사진 찍기), 환경탐사(식물이 살 수 있는지 식물 심어보기), 외계인 흔적 찾기 등이었다. 영화의 한 장면과 우주 관련 책을 통해 궁금증을 해결하고 탐사 상자 등을 만들며 놀이가 점점 구체화되었다. 아이들이 한 번도 가보지 못한 우주지만 책과 영상으로 간접경험 한 것을 통해 우리만의 우주와 우주선을 만들어 배움을 확장하는 과정이 참으로 신기하고 흥미진진했다. 우주에 대한 것을 암호로 만들어 외계인이 보낸 우주 암호를 함께 해독하는 탐사를 끝으로 우리만의 우주 놀이를 마무리했다.

테마파크 놀이 : '깐따삐야 호이호이' 놀팍으로 잇는 시간 여행

유아의 경험이 놀이 꿈으로 싹트는 순간

주말을 보내고 분주하게 시작되는 월요일 아침. 꿈님이들은 저마다 가족과 함께 보낸 주말 지낸 이야기를 선생님, 친구들과 공유하기 위해 사진이나 동영상을 학교종이 앱에 올리곤 한다. 선생님과 친구들에게 보여주기 위해 주말마다 체험을 가자고 하며 사진을 찍어달라고 하는 통에 가족들이 고달파지기도 한다는데 교사 입장에서는 꿈님들이의 생활 속 경험을 공유하며 놀이를 끌어낼 수 있는 중요한 단서가 되기도 한다.

그날도 어김없이 학교종이 앱의 사진을 보며 주말 지낸 이야기를 하는데 '놀팍'에 다녀온 꿈님이가 자기의 주말 사진을 보며 흥분된 목소리로 이야기를 하기 시작하였다. 놀팍은 키즈카페가 한층 업그레이드된 버전으로 신체를 적극적으로 움직이며 모험을 즐기는 놀이 형식의 익사이팅 테마파크다.

"놀팍에 장애물 건너기는요, 빨리 뛰어서 버튼을 눌러야 돼요."
"줄을 통과해야 하는데 줄에 걸리면 사이렌 소리가 나서 다시 시작해야 하거든요."

자기의 경험을 소개하는 꿈님이는 다른 친구들의 질문을 받을 때마다 눈을 반짝반짝 빛내며 '놀팍'의 여러 가지 놀이 방법을 소개하였다. 주말 지낸 이야기를 소개하는 꿈님이나 이야기를 듣는 꿈님이들의 반응을 보았을 때 몰입감 최고! 모두 나도 한번 '놀팍'에 가고 싶다는 반응이었다.

'옳지, 삼 잡았다.'

"선생님도 '놀팍'에 있는 신체 놀이가 너무 재미있어 보이는데 시간이 없어서 갈 수가 없네. 어떡하면 좋을까요?"

"그럼 유치원에서 '놀팍' 놀이하면 되잖아요."

"오늘부터 우리 반에서 '놀팍' 놀이를 하고 싶다는 의견이 나왔는데 너희들 생각은 어때요?"

의견을 물어보며 꿈님이들의 반응을 살펴보자, 대다수의 꿈님이가 '놀팍' 놀이를 찬성하였다.

'그럼, 그렇지. 선생님은 너희 표정만 봐도 알 수 있단다.'

하지만 각양각색의 개성 만점 꿈님이들에게 100% 동의란 없는 법! 지난번 했던 박물관 놀이 중 곤충 관찰 놀이에 아직도 몰입하고 있는 꿈님이, 우리나라 팽이라며 태극기를 그려 넣은 종이 팽이 돌리기에 온 열정을 쏟는 꿈님이. 그들의 반응은 어땠을까?

"놀팍 놀이 재미있을 것 같아요. 그런데 선생님, 놀팍에도 곤충 관찰 코너를 만들어 넣으면 어떨까요?"

"놀팍 놀이를 통과하는 사람에게 종이 팽이를 선물로 줄래요."

고기도 먹어본 사람이 잘 먹는다고 교실에서 친구들과 협력하여 놀이를 만들고 주도적으로 확장해 본 경험이 있는 꿈님이들은 친구들이 좋아하는 '놀팍' 놀이에 동의를 해주면서도 자신이 좋아하는 놀이를 포기하지 않고 영리하게 연결시켜 버렸다. 서로 긍정적으로 상호작용하고 협력하는 마음, 문제해결 능력은 바로 이런 게 아니겠는가?

그 순간에 느껴지는 감동이란! 유아의 놀이가 주는 선물이 교사의 마음까지 환하고 따스하게 만들어준다.

이렇게 우리의 흥미진진한 '놀팍' 놀이가 시작되었다.

놀 궁리 한 뼘 더! **유아의 경험에서 놀이 소재를 찾아요!**

- 유아와 함께하는 이야기 나누기는 협력 놀이 과정에 꼭 필요한 요소예요.
- 다양하고 편리한 디지털 앱을 유치원에서 정보를 제공하는 창구 이외에 부모와 함께 소통하는 쌍방향 채널로 활용하는 것도 좋은 방법이에요.

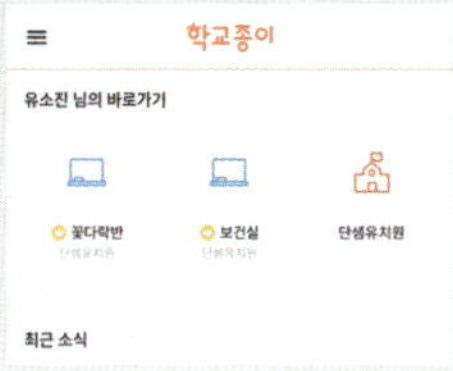

함께 놀이의 선택과 결정은 유아의 몫

"그래, 놀팍 놀이하자"라고 호언장담하며 놀이 지원을 하려고 보니 꿈님이들이 요구하는 것들이 너무 거창하였다. 스스로 움직이는 의자도 있어야 하고 장애물을 통과하는 줄에는 레이저도 나와야 한단다. 게다가 우리나라 고유의 명절인 추석이 다가오고 있던 때라 교실 한쪽에는 엄마, 아빠 어린 시절 옛날 놀이도 준비되어 있었다. 이걸 어쩌나… 다시 모여서 의논하기 시작하였다.

"신생님이 인디넷에 찾이보니 레이저 나오는 줄이 있기는 한데 해외배송이라 한 달은 걸릴 것 같은데 어떡하면 좋을까요?"

"그리고 놀팍 입구에 서 있는 스스로 말하는 로봇은 너무 비싸서 그걸 사고 나면 우리가 가기로 했던 졸업여행을 못 갈 것 같아요."

"옛날에는 너희처럼 키즈카페나 놀팍 같은 곳에는 못 갔지만 여기 있는 말디기 놀이, 딱지치기도 하고 신발 던지기도 하면서 즐겁게 놀았어요." 하면서 준비되어 있던 다양한 자료를 보여주었다.

여기저기서 봇물 터지듯 다양한 의견들이 나왔다.

꿈님이들은 어떤 방법들을 제시했을까?

"여름 반딧불이 놀이할 때 쓰던 거요. 빛나는 형광색으로 되어 있으니까 레이저라고 생각하면서 그물에 달면 돼요."
"그것도 좋은 방법이구나."
"말하는 로봇은 사람이 놀팍 입구에 서서 로봇처럼 말하면 되잖아요."
"그럼, 누가 로봇 역할을 할지도 정해야겠네."
"선생님이 가지고 있는 놀잇감들은 옛날 놀팍이라고 이름 짓고 교실 안쪽에 가져다 놓으면 좋겠어요."
"와, 2024년 놀팍과 옛날 놀팍이 같이 있다는 말이네. 그 방법도 정말 재미있을 것 같다."

놀팍을 현실 그대로 구현한다는 부담감에서 벗어났다. 유아와 함께 유치원에 있는 다양한 교구와 자원을 활용하여 자유롭게 상황을 재구성해 나가기로 했다. 우리만의 기발하고 창의적인 놀팍이 유아의 생각 속에서 새록새록 자라나고 있다는 것을 알 수 있었다. 여기서 교사가 했던 가장 적극적인 지원이란 유아에게 계속 질문을 던지면서 새로운 생각이나 방법이 말로 나올 수 있도록 한 것이 전부다.

우리가 만드는 레이저타워

놀이하며 꿈꾸는 우리

레이저타워라고 이름 붙인 레이저 줄 건너기는 교실로 올라오는 계단에 다 같이 튼튼한 줄을 묶어서 구성하였다. 계단이 너무 위험하지 않을까 살짝 걱정도 되었지만 얇고 탄성이 강한 줄이 아니라 넓고 부드러운 면 줄을 준비하여 안전사고를 최소화할 수 있도록 지원하였다. 계단이라는 공간에서 무언가를 한다는 것 자체에 꿈님이들은 기쁨을 느끼는 듯 저마다 한 계단씩 앉아서 열심이었다. 줄을 헐렁하게 묶는 꿈님이, 너무 촘촘하게 묶어서 사람이 아예 지나갈 수 없게 만들어버리는 꿈님이, 이렇게 해라 저렇게 해라 조언 아닌 조언을 하며 티격태격하는 꿈님이 등 시끌벅적 소란스럽지만 재미없다고 교실로 들어가 버리는 꿈님이는 단 한 명도 없었다. 모두 한 마음으로 계단에 모여 앉아 각자 나름대로 자신만의 방식으로 레이저타워를 구성해 갔다.

짠! 레이저타워가 어떻게 구성되었을까? 계단이라는 경사진 곳에 묶인 줄을 아슬아슬 피해 올라가야 하는 스릴만점 시작점, 형광 손목 팔찌 레이저가 달려서 조심조심 고개를 숙여서 지나가야 하는 구간. 만들고 보니 그럴 듯 했다. 진짜 '놀팍'이 부럽지 않았다.

'놀팍'의 레이저타워 놀이기구 하나를 멋지게 구성한 후 여러 가지 다른 놀이기구들도 신나게 구성해 나갔다.

레이저타워 완성

레이저 장애물 달기

손님, 바이킹 출발합니다!

DDR 미션 통과

발로 굴리는 씽씽카

키 100cm가 넘는 사람(?)만 태워서 나이만큼 앞뒤로 흔들어주는 바이킹, 바퀴가 달린 의자이긴 하지만 열심히 발로 밀어서 수동으로 움직여 버튼을 눌러야 하는 씽씽카 놀이, 곤충 관찰 코너, 교사가 지원해 준 가정용 DDR 놀이기구까지! 놀이하기 전혀 손색이 없는 '놀팍'이 완성되었다. 완성된 놀이 공간을 보며 환호성을 지르는 꿈님이, 아직 덜 되었으니 기다리라는 꿈님이, 다른 놀이기구들이 좀 더 추가되어야 한다는 의견을 내는 꿈님이 등등.

놀이를 하기 위해 열심히 구성한다고 생각했는데 꿈님이들에게 '놀팍' 놀이 구성하기는 놀이 그 자체였나 보다.

놀이 날개를 달고 꿈을 펼쳐라

복도에 구성된 우리만의 기발한 '놀팍' 놀이 공간에서 재미있는 놀이가 전개되었다. 주도적으로 놀이기구를 구성하였던 꿈님이들 대부분은 처음에는 '놀팍' 놀이기구를 운영하는 주인 역할을 하고 싶어 했다. 특히 인기가 많았던 레이저타워와 씽씽카 코너는 주인을 정하는 가위, 바위, 보를 하면서도 상대방이 늦게 내지는 않나 신경전을 벌이기도 하였다. 그런데 웬걸, 놀이를 시작하고 보니 손님들에게 타는 방법을 안내하고 구경만 하고 있으니 슬슬 역할을 바꾸고 싶어 한다. 자연스럽게 주인과 손님 역할을 번갈아 가며 신나게 놀팍 놀이를 이어갔다. 며칠 동안 신나게 놀팍 놀이를 하다 옛날 놀팍을 만들기로 했던 것을 기억한 꿈님이가 질문을 한다.

"선생님, 교실에 옛날 놀팍은 언제 만들어요?"

기회를 잡아 큰 소리로 꿈님이들을 불러 모은다.

"얘들아, 선재가 옛날 놀팍도 구성하자고 하는데 너희들 생각은 어때요?"

복도에서 실컷 놀았기 때문에 꿈님이 대부분이 찬성한다. 1980년대 놀이 자료와 기구들을 실물과 사진으로 보여주며 교사의 경험을 함께 나누었다.

"선생님은 어렸을 때 이렇게 동네에 오는 말타는 것을 좋아했는데, 옛날에는 50원만 내면 탈 수 있었어요."

신나는 딱지 따먹기

추억의 말타기

그때 그 시절 낙서하기

꿈님이들은 신기해하면서 옛날 사진과 영상을 보았다. 그렇게 교실에는 새로운 1980년대 '놀팍'이 구성되기 시작하였다. 물론 친구들이 새로운 '놀팍' 구성을 하는 동안에도 여전히 복도에서 2024년의 '놀팍' 놀이를 열정적으로 즐기고 있는 꿈님이도 있었다는 건 공공연한 비밀이다.

이렇게 구성된 현재와 과거의 '놀팍'에서 놀이하기 위해 꿈님이들과 하나의 놀이 규칙을 정하였는데, 현재에서 과거로 넘어갈 때는 시간 타임머신을 타고 넘어가야 한다는 것! 꿈님이들은 과거에서 현재, 현재에서 과거로 넘어가는 교실 문을 통과할 때 '깐따삐야 호이호이' 주문을 외치며 시공간을 넘나들었다. 이렇게 2주가 넘게 지속된 '놀팍' 놀이는 우리들만의 놀이로 그치지 않고 다른 반들을 초대하고 놀이 홍보 영상을 찍는 등 날개를 달고 펼쳐나갔다.

놀 궁리 한 뼘 더! 놀이 단계별 교사의 역할

놀이 단서 찾기 ➡	놀이 구성하기 ➡	놀이 전개하기 ➡	자유롭게 확장하기
• 유아 관찰은 기본 • 유아의 경험에서 흥미와 관심을 파악	• 생각을 넓히는 질문 • 적극적인 놀이 지원	• 같이 또 따로 놀이 • 안전에 유의하며 참여자 또는 중재자 역할	• 한계를 두지 않고 자유롭게 펼치기 지원

함께 풀어가는 놀이

❶ 신나는 전통놀이

'추석'을 맞이하여 한복을 입고 친구들과 함께 딱지치기, 고무신 던지기, 지게 나르기, 돼지 씨름 등 다양한 전통놀이를 해보았다.

❷ 맛있는 전 부치기

우리나라 전통음식의 종류에 대해 알아보던 중 '전 부치기' 요리 활동을 하였다. 여러 종류의 전 중 삼색전, 새우전, 고구마 전을 골라 직접 요리도 하고 동생 반과 맛있게 나누어 먹었다.

❸ 어느 날 관찰한 '놀팍' 놀이

"와~ 재미있겠다, 무슨 놀이야?" 물었더니 **"여기는 놀팍이에요."** 하며 긴 의자와 책상 등을 이용하여 친구들이 모여 타고 대화를 나누며 즐겁게 '놀팍' 놀이를 하고 있었다.

❹ 그럼~ 우리 '단샘꿈놀팍'에서 놀자

유아들의 '놀팍' 놀이를 알아보고 유치원 복도와 교실에 구성하게 되었다. 유아의 흥미가 집중되면서 놀이에 몰입하였다. 그렇다면 1980년대의 놀팍은 어떤 모습일까?

교사의 고민

- 우리나라 놀이를 하던 중 자유선택놀이를 관찰해 보니 유아의 흥미가 '놀팍' 놀이에 있다는 것을 알게 되었다.
- 어떻게 하면 '우리나라' 놀이와 유아의 '놀팍' 놀이를 연계할 수 있을까?
- (유 · 초 이음교육) 단샘꿈놀팍 놀이에 초등학생들을 초대하려고 하는데 놀이의 흐름에 대한 안내와 역할을 어떻게 정할까?

유아들의 반응

- "우리나라 놀이도 재미있지만 놀팍 놀이도 하고 싶어요."
- "선생님 어렸을 때 키즈카페가 있었어요?", "1980년대는 얼마나 옛날이에요?" 라고 질문하며 1980년대 '놀팍' 놀이에도 관심을 보였다.
- 초등학생과 함께 놀이한다는 것 자체에 신나하며 '놀팍' 소개 영상을 만들고 서로 '이음짝꿍'을 하겠다며 즐거워하였다.

놀이 지원

- 유아가 '놀팍' 놀이에 필요로 하는 다양한 재료나 도구를 제공하고 유아의 놀이를 격려하며 정서적 지원을 하였다.
- 유아의 '놀팍' 놀이를 지원하며 선생님, 엄마, 아빠 어린 시절 사진이나 영상을 보여주며 그 시대의 놀이를 알려주고 1980년대 '놀팍'도 교실에 구성해 보기로 하였다.
- 초등학교 선생님과 협의하여 유아가 직접 만든 '놀팍' 소개 영상을 전하고 초등학생이 만나서 놀이를 하기 전 놀이 흐름을 파악할 수 있도록 지원하였다.

놀이 과정안

놀 이 명	깐따삐야! 호이호이! 놀팍으로 잇는 시간여행	놀이유형	Role play	시 기	2024. 10. 8.(화) 12:30~13:10
놀이대상	꿈다락반 5세 22명 (남:10명, 여:12명)	놀이장소	꿈다락반 교실 및 복도	수 업 자	김 혜 온
기대되는 배 움	• 현재와 과거의 놀팍 놀이에서 자신의 역할을 알고 상황에 적절한 단어를 사용하여 말한다. • 현재와 과거의 놀팍 놀이에 자발적이고 즐겁게 참여한다. • 놀이를 통해 우리나라 현대의 역사와 전통을 바르게 알고 자긍심을 가진다.				

교육과정 분석

(유치원) 2019 개정 누리과정		(초등학교) 2022 개정 교육과정	
연계 영역	내용범주 > 내용	연계 교과	영역 > 성취기준
신체운동·건강	▪ 신체활동 즐기기 > 실내·외 신체활동에 자발적으로 참여한다.	즐거운 생활	▪ 우리는 누구로 살아갈까 > [2즐01-02] 내 몸의 움직임이나 감각을 느낀다.
의사소통	▪ 듣기와 말하기 > 상황에 적절한 단어를 사용하여 말한다.	국어	▪ 듣기·말하기 > [2국01-05] 듣기와 말하기에 관심과 흥미를 가진다.

놀이 흐름	배움과 성장이 있는 아이들의 놀이	교사의 지원 계획
Notice [주목하기] Use [배움 활용하기]	▪ 2024년 '단샘꿈' 놀팍 개장 시간 알리기 - AI 역할을 맡은 유아가 개장 시간을 알린다. - 안전요원은 손님들이 입장 전 '위험 상황'에 따른 주의 사항을 안내한다. ▪ 이음짝꿍과 초등학생 입장하기 - '단샘꿈' 놀팍의 놀이 규칙을 설명한다. ▪ 2024년 '단샘꿈' 놀팍에서 놀이하기 - 안전요원의 안내를 받으며 즐겁게 놀이에 참여한다.	[언어적 지원] 위험 상황에 따른 주의 사항을 적절히 안내할 수 있도록 지원하고 필요시 놀이에 개입함. [재료] 입장 목걸이, 컴퓨터, 그물, 버저, 농구대, 돈, 휴대전화, 블루투스, AI 상자, 해먹, 바퀴 달린 의자, '놀팍' 안내도
Design [주도적 구성하기] Grow [놀이로 성장하기]	▪ 화제 전환하기 - 효과음과 미지의 목소리를 듣고 이야기 나눈다. ▪ 공간 이동하기 - 미지의 목소리를 따라 복도에서 교실로 이동한다. - 과거로 왔음을 환기하며 흥미를 유발한다. ▪ TV 영상에 따라 1980년대 놀이 소개하기 - 놀이 소개 후 간단한 약속 및 규칙을 알아본다. ▪ 1980년대 '놀팍' 안내에 따라 즐겁게 참여한다.	[재료] 고무신, 고무신 던지는 판, 동전, 스케치북, 바둑알, 바둑판, 국자, 스카이콩콩, 종이 인형 [참여] 자발적인 참여를 어려워하는 유아는 격려를 통해 참여 과정 자체를 지지하며 할 수 있는 만큼 놀이에 참여할 수 있도록 조정함. [언어적 지원] 전통놀이 방법 그대로 놀이하는 것에 집중하기보다 놀이 구성품을 활용하여 놀이 방법을 다양하게 변형하여 놀이할 수 있도록 확산적 발문을 함. [언어적 지원] 놀이 소개 시 옛날 골목에서 엄마, 아빠가 했던 놀이의 추억 이야기를 들려주고, 현재와 같은 점과 다른 점을 찾을 수 있도록 발문함. [관찰] 유아와 2학년 학생 '이음짝꿍'이 서로 의사소통하면서 놀이에 참여하는지 관찰함. [공간, 재료] 공간, 게임 도구를 넉넉히 준비함.
Extract [놀이 속 배움 모으기]	▪ 놀이 마무리하기 과거의 물건을 찾은 이음짝꿍팀은 노래에 맞추어 타임머신과 차원의 문을 통과하여 나간다. ▪ 도착한 곳을 살펴보고 다음 놀이를 예고한다.	[상호작용] 역할놀이 시 서로 협력하며 긍정적으로 상호작용하는지 관찰하고 본 수업 이후에도 역할을 바꿔 놀이할 수 있도록 충분한 놀이 시간을 계획함.

추억의 인형 놀이	고무신 던지기/ 딱지 까기	사투리/ 속담 사전
종이 인형 제작	고무신 던지기, 바둑판 딱지 까기 놀이	사투리/ 속담 맞추기 놀이
100원에 2분!	**말놀이 시합**	**그때 그 시절 담벼락**
친구와 말타기	각자 하나의 말을 가진 후 결승점에 도착하는 경기	과거로 돌아가 가족에게 인사 남기기

놀이를 통한 배움과 성장 돌아보기		방법
Role play로 유아 의사소통 관찰	• 자신의 역할에 따라 상황에 적절한 단어를 사용하여 말하였는가? • 실내 신체활동에 자발적이고 즐겁게 참여하였는가? • 오늘날과 1980년대의 차이점을 알고 '우리나라'의 발전 과정에 자긍심을 느꼈는가?	체크리스트 /관찰기록
학교생활적응력 신장을 위한 교사 지원 성찰	• 유아의 듣기·말하기 태도를 신장하는 데 놀이 방법이 적절하였는가? • 놀이 중 유아가 상황에 적절한 단어 사용이나 말하기 등을 할 수 있도록 언어적 지원을 하였는가? • 놀이에 자신감을 갖고 자발적으로 참여할 수 있도록 정서적으로 격려하였는가?	체크리스트

스카우트 놀이 : 지구지킴 스카우트! 특별 훈련 준비됐나?

소중한 숲에서 쓰레기를 발견하다

바깥놀이를 가장 좋아하는 꿈님이들. 5월이 되자 단샘동산에는 꿈님이들이 좋아하는 곤충들이 하나둘 모습을 드러내기 시작했다. 곤충을 찾겠다며 동산을 신나게 뛰어다니던 아이들 눈에 먼저 들어온 건 뜻밖에도 누군가 버려놓은 쓰레기였다. "선생님! 여기 쓰레기가 있어요." 아이들의 외침에 쓰레기봉투를 바로 챙겨 들었고 쓰레기가 있으면 우리가 직접 주워서 버리자고 약속했다. 아이들은 약속을 실천에 옮겼고 얼마 지나지 않아 쓰레기봉투의 반이 찰 만큼 많은 쓰레기를 모았다.

교실로 돌아와서 아이들과 이야기를 나누었다.

"단샘동산에 누가 쓰레기를 버리고 가서 기분이 안 좋아요."
"쓰레기 버리지 말라고 글을 써서 붙여야 할 것 같아요."
"쓰레기를 많이 버리면 지구가 아프다고 쓰자."

아이들은 생각을 서로 나누며 환경 보호에 대한 관심으로 이어졌다. 그러던 중 한 아이가 말했다. "선생님 우리 유치원 옆에 있는 회사에 가서 '쓰레기 버리지 마세요' 하고 말하는 건 어때요?" 그 말에서 다음 놀이가 반짝 떠올랐다. 바로 스카우트 놀이였다.

"얘들아, '지구를 지킵시다!' 하고 알리는 학생들을 '스카우트'라고 해. 너희도 단샘동산을 지키자고 했으니까, 우리도 스카우트 놀이를 한번 해볼까?"

스카우트를 만들자!

스카우트라는 소재가 아이들에게 어렵지 않을까 싶어 인터넷에서 찾은 자료로 어린이 스카우트 대원들의 모습을 보여주었다. 대원들이 하는 일과 활동을 설명하자 기대감을 감추지 못하는 꿈님이들!

"우리 반 스카우트 이름은 뭐가 좋을까?"

다양한 의견이 쏟아졌고, 투표 끝에 '지구지킴 스카우트'로 정해졌다.

다른 어린이의 스카우트 인사법을 본 후 우리도 특별한 인사법을 만들어야 한다는 이야기가 이어졌다. 어떤 스카우트가 되고 싶은지 이야기를 하며 '용감하게, 똑똑하게, 마음은 착하게'라는 구호에 맞춰 몸동작까지 넣어 인사를 정했다. 스카우트 놀이에 아이들은 놀라울 만큼 진지했다. 구호에 걸맞은 스카우트가 되겠다는 다짐과 약속도 덧붙였다. 약속 후에는 스카우트 대원들에게 연두색 손수건을 세모로 접어 목에 걸고 아이들이 직접 만든 지구지킴 배지를 꽂아 스카우트 대원처럼 만들어 주었다.

지구지킴 스카우트의 첫 활동으로 '지구를 지킬 수 있는 방법'에 대해 모둠별 토의를 진행했다. 4~5명의 아이들이 모둠을 이루어 일상에서 환경을 지키는 방법에 대해 이야기 나누었다. 중간중간 아이들이 한 말을 다시 정리해 주거나 관련된 이야기를 더하며 각 모둠이 하나의 해결책을 찾을 수 있도록 언어적으로 지원하였다.

아이들이 정한 방법은 다양했다. 마트에 갈 때 장바구니 가지고 가기, 길거리에 쓰레기 버리지 않기, 산에 있는 쓰레기는 가져오기, 생명을 소중히 대하기, 물건을 아껴 쓰고 재활용하기, 에어컨은 진짜 더울 때만 켜기였다. 다른 모둠과 겹치지 않는 의견을 내려고 애쓰며 풍성한 토의가 이루어졌다.

다음 날에는 모둠별로 정한 해결책을 커다란 도화지에 옮겨 포스터처럼 꾸몄다. 글자를 적는 유아, 그림을 그리는 유아, 색칠을 알록달록하게 하는 유아까지 역할을 나누어 열심히 완성한 포스터는 정말 근사했다. 포스터를 완성하니 "다른 반에도 지구를 지키는 방법을 알려주면 좋겠어요."라고 말하는 꿈님이들. 아이들의 의견대로 캠페인 활동으로 연결하면 교육적으로 의미가 있겠다고 생각했다.

점심 식사 후 스카우트 대원들이 각 교실을 돌아다니며 캠페인 활동을 했다. 동생 반에 들어가서 구호를 외치고 인사를 한 후 한 모둠씩 지구를 지키는 방법을 외쳤다. 처음에는 조심스러웠지만 조금씩 자신감을 얻어 교무실과 행정실까지 찾아가 캠페인을 펼쳤다. 자연스럽게 스카우트의 첫 덕목인 '용감하게'를 몸소 실천했다.

원내에서 캠페인 활동을 통해 자신감을 키워가는 모습을 보며 밖에서도 캠페인을 하면 더 의미 있겠다는 생각이 들었다. 마침 우리 반 보호자 한 분이 근처 회사에 근무하고 계셔서 도움을 요청했다. "꿈님이들이 지구지킴 스카우트 놀이로 캠페인을 하고 있는데, 회사 앞에서 활동해도 괜찮을까요?"라는 물음에 "선생님, 물론이죠. 제가

근처 회사 앞에서 지구지킴 캠페인을 하는 유아들

다른 직원들 다 데리고 함께 나가 응원하겠습니다." 하고 흔쾌히 응해 주셨다. 약속한 날, 아이들은 연두색 손수건을 두르고 구호를 외치며 도보 5분 거리의 회사 앞으로 씩씩하게 걸어갔다. 회사 앞에는 지연이 어머니와 동료 직원들이 기다리고 있었다. 아이들은 잠시 쑥스러워 했지만 신호와 함께 곧장 씩씩하게 구호를 외쳤다. 이어서 어제 한 것처럼 모둠별로 준비한 지구를 지키는 방법을 발표했고, 직원들은 한 모둠씩 끝날 때마다 큰 박수로 격려해 주었다. 유치원을 벗어나 처음으로 캠페인을 경험한 아이들은 응원받는 기쁨 속에서 자신감과 주도성을 한 뼘 더 키워나갔다.

단샘동산으로 출동!

캠페인 활동을 이어가던 아이들은 이번에는 지구지킴 스카우트가 단샘동산을 정비해야 한다고 말했다. 스카우트의 정신과 마음이 커진 것이다. 장갑을 끼고 쓰레기봉투와 집게를 챙겨 플로깅을 시작했다. 요리조리 동산을 누비며 쓰레기가 없는지 확인하고, 친구와 힘을 모아 애쓴 끝에 깨끗한 단샘동산이 되었다. 힘들지 않냐고 물어보자 "괜찮아요. 이제 깨끗한 단샘동산에서 놀 수 있어서 좋아요."라고 말한다. 깨끗해진 단샘동산에서 놀던 아이들 사이에서 새로운 약속도 나왔다. 곤충을 잡을 때도 아프지 않게 소중히 만지고, 될 수 있으면 눈으로만 관찰하자는 것이다. 스카우트 세 번째 구호 "마음은 착하게" 덕목을 놀이 속에서 조금씩 길러간다.

그때 숲에서 신나게 뛰어놀던 꿈님이가 말했다.

"엄마 아빠도 같이 숲에 와서 놀면 좋겠어요."

마침 보호자 참여수업이 얼마 남지 않은 상황이라, 나는 아이의 제안을 놓치지 않고 물었다.

"지구지킴 스카우트 놀이에 엄마, 아빠가 함께 오면 뭘 하고 놀고 싶어?"

아이들의 대답은 흥미로웠다.

"엄마 아빠랑 같이 스카우트 놀이하면서 동산에서 놀고 싶어요."
"동산에서 같이 미션을 해결하는 놀이 하고 싶어요."
"파티도 하면 좋겠어요."

아이들의 의견을 모아보니 머릿속에 그림이 그려졌다. 교실로 돌아와 조금 더 구체적으로 이야기를 나눈 끝에, 동산에서 여러 미션을 통과하면 파티장으로 가서 간식을 나눠 먹는 놀이를 하는 것으로 정해졌다. 이제 남은 건 미션을 만드는 일이었다. 나는 조건을 덧붙였다.

"스카우트 구호처럼 용감하게, 똑똑하게, 마음은 착하게와 이어지는 미션이어야 해."

그러자 아이들은 구호에 맞춰 '용감한 미션, 똑똑한 미션, 착한 마음 미션'으로 이름을 붙이고, 어떤 놀이가 재미있을지 한참 이야기를 나누었다.

며칠간의 토의 끝에 정해진 놀이는 다음과 같다.

- **똑똑한 미션** : 부모님이랑 함께 훌라후프 100개 돌리기(수 세기), 곤충 퀴즈 맞히기
- 용감한 미션 : 단샘동산 기구 3개 타기
- 착한 마음 미션 : 랜덤 뽑기로 동산 산책하기(가족에게 마음을 표현하는 미션 포함)

A팀과 B팀으로 나누어, 먼저 A팀 유아와 가족이 직원 역할을 맡아 B팀의 미션 수행을 확인하고 도장을 찍어준다. 미션을 마칠 때마다 도장을 받는 방식이고, 도장 6개를 모두 모으면 미션 완료! 그 다음에는 역할을 바꾸어 B팀이 직원이 되고 A팀이 도전을 이어간다. 모두 도장을 다 채우면 파티장으로 이동해 맛있는 간식을 먹는다.

이 모든 과정은 아이들과 이야기를 나누며 정해진 내용이었다. 지구지킴 스카우트의 구호와 연결되면서 가족과 함께하는 바깥놀이여서 나도 어떻게 펼쳐질지 기대되었다.

아이들은 자신들이 만든 놀이를 먼저 시도해 보고 싶다고 해서 매일 동산으로 나갔다. 랜덤 뽑기로 동산 산책하기, 훌라후프 연습, 곤충 퀴즈까지 매일 훈련하듯 열심히 즐겼다. 한글 읽기를 어려워하는 유아를 위해 곤충 퀴즈에 그림을 함께 넣었고, 몸으로 표현하며 설명할 수 있도록 지원했다. 말로 설명하는 것보다 몸으로 표현할 때 더 효과가 있었다.

드디어 보호자 참여수업 당일. 부모님들이 교실에 모이자 스카우트 대원들은 목수건과 배지를 단 채 일어나 구호를 외치며 인사했다. 절도 있는 아이들의 모습에 부모님들은 놀란 듯 집중했다. 오늘 할 놀이

를 아이들이 직접 소개했고, 부모님 손을 잡아 이끌며 단샘동산으로 향했다. 매일 놀던 단샘동산에서 아이들이 "여기서 시작해야 해요!"라며 자신 있게 안내하는 모습에 웃음이 났다.

선서하는 지구지킴 스카우트

첫 번째 팀이 미션을 수행할 때, 아이들이 부모님과 함께하니 더욱 즐겁게 놀이에 참여하는 모습을 볼 수 있었다. 특히 랜덤 뽑기로 숲 산책하기가 인기 폭발이었다. 아이들이 원하는 대로 뽑기를 만들어 넣었기 때문이다. 코끼리코 10바퀴 돌고 산책하기, 뽀뽀하고 산책하기, 가족 안아주고 산책하기 등 재미있는 조건이 가득했는데, 그중 가장 인기 있었던 건 '가족이 나를 업고 산책하기'였다. 엄마, 아빠 등에 업혀 산책길을 누비는 아이들의 얼굴은 보기만 해도 기분이 좋아졌다.

텐트 안에 들어가 곤충 퀴즈 맞히기도 하고, 훌라후프 미션에서는 엄마가 훌라후프 30개를 해서 유아가 70개 넘게 하면서 함께 100개를 채웠다. 단샘동산 기구를 사랑하는 가족과 함께 타면서 웃음소리가 끊이지 않았다. 무엇보다 꿈님이들의 놀이 속 유능한 모습을 보호자께 보여줄 수 있어서 뿌듯했다.

알쏭달쏭 곤충 퀴즈

모든 미션을 마친 뒤 파티장에 모였다. 미션 완료를 축하하며 준비한 간식을 가족과 함께 나누어 먹었다.

신나는 놀이와 달콤한 간식, 사랑하는 가족과 함께하는 시간 덕분에 따뜻하게 보호자 참여수업을 마무리할 수 있었다.

가족과 함께 스카우트 놀이를 하며 흥미가 더 커진 꿈님이들. 이번에는 동생 반을 초대하고 싶다고 말했다. 마침 별다락반에는 우리 반 유아의 동생들이 있었는데, 집에 가서 형, 누나처럼 스카우트를 하고 싶다고 했다는 이야기가 들려왔다. 그 사실을 전해주자 아이들은 흔쾌히 말했다.

"동생들도 미션을 통과하면 지구지킴 스카우트로 만들어주는 건 어때요? 지구지킴이가 많을수록 좋잖아요!"

그렇게 또 하나의 놀이, 지구지킴 스카우트 대원 모집이 시작되었다. 별다락반 동생들과 함께 놀 날을 기다리면서 교실 안 새로운 미션 공간을 꾸몄다.

- **용감한 미션** : 복도에 상어가 나오는 무시무시한 바다를 만들고 외나무 다리를 건너는 모험 놀이
- **똑똑한 미션** : 알쏭달쏭 곤충 퀴즈, 지구를 지키는 방법을 간단하게 따라 써보는 한글 놀이
- **착한 마음 미션** : 쓰레기로 어질러진 방을 깨끗하게 치우는 지구를 지켜라 놀이, 음식을 남기지 않고 골고루 먹는 지구지킴 싹싹식당

꿈님이들은 각 미션 놀이 공간에서 직원이 되어 동생들이 미션을 수행할 수 있도록 도왔다. 부끄러워하는 동생에게는 괜찮다며 격려해 주고, 글자를 따라 쓰다 실수한 동생에게는 지우개를 건네며 여유

로운 선배의 모습을 보여주었다. 모든 동생들이 미션을 마치자 꿈님이들은 큰 박수와 환호로 축하해 주었다. 이어 직접 스카우트 목수건과 배지를 달아주며 정식 지구지킴 스카우트 대원이 되었음을 알렸다. 동생들을 진심으로 축하하는 꿈님이들 마음속에 배려와 협력하는 마음이 자라났다.

용감한 미션 : 용감하게 모험 다리를 건너자!

유치원에서 캠핑을?!

지구지킴 스카우트 놀이가 여러 활동으로 이어졌지만 여전히 스카우트에 푹 빠진 아이들에게 어떤 놀이로 마무리하면 좋을지 고민하다가 캠핑을 떠올렸다. 진짜 스카우트처럼 유치원에서 1박 2일로 캠핑을 하는 것이다. 하지만 곧바로 현실적인 걱정이 뒤따랐다. 최근 안전 문제로 이런 행사가 거의 사라졌고, 학사일정에도 없는 활동이라 지원 인력 확보가 쉽지 않기 때문이다.

방과후과정 선생님께서는 경력이 많은 선배 선생님이라 주중에 하는 것보다는 금요일 저녁부터 1박을 하고 토요일 오전에 귀가하는 방식이면 훨씬 수월할 것이라고 조언해 주셨다. 또 아이들이 이렇게 즐거워하니 함께 도전해 보자며 격려도 해주셨다.

결국 원감선생님께 솔직히 말씀드렸다.

"원감선생님, 저희 반 아이들이 스카우트 놀이를 너무 좋아해서 캠핑으로 놀이를 마무리하고 싶습니다."

아이들이 스카우트 놀이를 하면서 즐겁게 논 모습을 지켜보셨던 원감선생님도 우려 반, 수긍 반의 복잡한 표정으로 대답하셨다.

"옛날엔 그런 행사를 많이 했는데 요즘은 안전 문제로 거의 안 해요. 선생님, 괜찮겠어요?"

나는 망설임 없이 "네! 꼭 하고 싶어요. 아이들한테 좋은 추억이 될 것 같아요."라고 답했다. 원감선생님은 구체적으로 계획을 짜서 원장선생님께 말씀드려 보자고 하셨다. 그 말에 일시, 장소, 세부 내용까지 꼼꼼히 계획을 세워 원장선생님께 보고드렸다. 역시 안전 문제로 우려하셨지만, 흔쾌히 함께하겠다고 나서준 동료 선생님의 의지, 나의 열정, 그리고 선배 선생님의 지혜를 믿고 지원해 주시기로 했다.

아이들의 놀이가 예상치 못한 방향으로 확장되었지만 원장, 원감선생님께서 전폭적으로 힘을 실어주신 덕분에 마음이 든든하고 감사했다. 모든 계획이 확정되자 아이들에게 캠핑 소식을 전했고, 안내장도 학부모에게 나갔다. 반응은 뜨거웠다. 아이들은 진짜 스카우트 대원이 된 것 같다며 캠핑을 손꼽아 기다렸고, 보호자들 또한 큰 기대와 응원을 보내주셨다.

캠핑 당일 오후 6시까지 준비물을 챙겨 유치원에 돌아오면 캠핑을 시작할 예정이었다. 지수는 얼마나 기대됐는지 오후에 하원하자마자 씻고 짐을 챙겨 가장 먼저 유치원으로 다시 돌아왔다. 기대하는 지수의 모습에 나도 덩달아 신이 났다. 오후 6시가 되자 모든 아이들이 모였고, 교실에서 원장선생님께 스카우트 인사를 하고 안전 약속을 나누며 캠핑을 시작했다.

짐을 풀고 시작한 첫 활동은 바로 요리였다. 스카우트답게 유부초밥과 주먹밥을 스스로 만들어 먹고, 다 먹은 뒤에는 직접 설거지까지 하며 자율성을 키웠다. 배가 든든해지자 강당으로 이동해 수건 돌리기 게임을 즐겼다. 이어지는 댄스파티에서는 불을 끄고 야광봉으로 만든 팔찌와 응원봉을 흔들며 마음껏 춤을 추었다. 캠프파이어 시간에는 빅블록으로 모닥불 자리를 만들고 둥글게 둘러앉아 LED초를 손에 쥐었다. 처음에는 웃음이 가득했지만, 차츰 사랑하는 가족을 떠올리며 눈물을 흘리기도 했다. 그 순간은 또 하나의 뜻깊은 추억이 되었다(이후 눈물을 쏟는 아이들을 달래느라 진땀을 뺐다. 다 큰 듯 보여도 여전히 어린아이이다).

밤이 깊어져 교실로 올라가 남자아이들은 꿈다락 교실, 여자아이들은 빛다락 교실에 이불을 펴고 잠자리를 준비했다. 나는 이리저리 교실을 오가며 아이들이 잘 자는지 확인했고, 잠이 오지 않는 아이

스카우트 캠핑 시간, 내가 만든 저녁 식사

지구지킴 스카우트 캠프파이어

지구지킴 스카우트 잘자요

들과는 소곤소곤 대화를 나누기도 했다. 그때 새삼 알게 된 것은 아이들이 의외로 잠꼬대를 많이 한다는 사실이다. 효민이는 자다 말고 "스트레칭~"이라 외치며 기지개를 켜는 바람에 바로 옆에 누워 있던 나는 심장이 덜컥 내려앉을 뻔했다. 우진이는 침낭 속이 더웠는지 주먹으로 침낭을 연속으로 치며 칭얼거려 얼른 일어나 침낭 지퍼를 열어주었다. 살짝 잠들만하면 들려오는 잠꼬대 소리에 웃음을 참느라 애를 먹었다.

다음 날 아침 7시, 아이들이 내 주변을 에워싸고 말했다.

"선생님 자나 봐. 자는 척인가? 선생님 언제 일어나지?"

바로 옆에서 속닥이는 소리에 웃으며 일어나 일찍 깬 아이들만 조용히 강당으로 인솔하여 체조를 했다. "아침부터 강당에서 놀다니 최고다!"라는 지현이의 말에 힘이 절로 났다.

8시쯤, 아이들 모두 잠에서 깨서 이불 정리를 하고 짐을 챙겼다. 그동안 방과후과정 선생님과 원감선생님, 동료 선생님들이 준비해 주신 아침은 마치 호텔 조식 같았다. 빵과 잼, 요플레, 달걀까지 차려진 식사를 맛있게 먹는 아이들의 모습을 보며 괜스레 미소가 지어졌다.

식사 후 교실에 모여 앉아 스카우트 놀이를 떠올려보고 소감을 나누었다. 너무 행복했다는 아이들의 말에 다시금 힘이 솟았다. 귀가 시간이 다가와 해단식을 했고, 원장선생님은 모두 훌륭하게 잘해냈다며 격려해 주셨다. 지구지킴 스카우트 놀이는 그렇게 막을 내렸다.

그날 아이들이 귀가할 때 만난 보호자마다 "아이들에게 이렇게 소중한 경험을 하게 해주셔서 감사하다."고 인사를 해주셨다. 황금 같은 토요일을 반납한 일이었으니 그 마음이 더 크게 전해졌다. 1박 2일간 거의 잠을 못 자고 아이들의 안전과 즐거움을 책임지느라 고되었지만, 원장, 원감선생님의 든든한 지원, 언제나 함께해 주는 감사한 동료 선생님들, 그리고 교사가 최선을 다할수록 몇 배의 긍정적인 피드백을 되돌려주는 아이들 덕분에 힘든 줄도 모르고 수업에 최선을 다할 수 있었다(물론 캠핑이 끝난 날 저녁 8시부터 곯아떨어진 건 비밀이다).

지구지킴 스카우트 놀이는 꼬박 한 달간 이어졌다. 이 과정을 통해 다시금 확신하게 된 건 아이들이 진정한 배움을 얻기 위해서는 충분한 놀이 시간이 반드시 필요하다는 사실이다. 5분, 10분의 짧은 시간만 놀고 배움을 얻기 바라는 건 마치 과학자에게 단 한 번의 실험으로 새로운 이론을 만들어내라 요구하는 것과 같다. 놀이 시간을 충분히 제공하고 유아가 그 속에서 주도적으로 몰입해서 놀 때 비로소 의미 있는 배움이 피어난다.

한 달간 이어진 지구지킴 스카우트 놀이는 끝났지만, 그 속에서 길러진 지구를 아끼는 마음이 자연과 더불어 살아가는 인간으로 성장하는 데 도움이 되길 바란다.

3부

놀 궁리 끝에서, 함께 성장하는 교사

1장 • 교실 밖 교사의 이야기

2장 • 우당퉁탕에서 찬란하게, 함께 자란 우리들

교사가 해야 하는 일은 '놀 궁리'에서 끝나지 않는다. '놀 궁리'가 순탄하게 풀려가지 않는다고 그것만 붙잡고 있을 수 없다. 각종 행정 업무와 민원 처리가 교사를 기다리고 있기 때문이다. 그러나 그 모든 일도 함께라면 성장의 발판이 된다.

1장

교실 밖 교사의 이야기

자연스럽게 함께 연구하는 우리

나는 지난 5년간 많은 성장을 이루었다. 행정 업무도 많이 배웠고, 유아들과 함께하는 놀이 수업 역량도 무럭무럭 자랐다. '어떻게 자랄 수 있었을까?'를 되짚어 본다면 동료 교사들을 빼놓을 수 없다.

수시로 연구하는 교무실의 흔한 풍경

우리 유치원의 수업 연구 시간은 특별히 정해져 있지 않다. 딱히 없는 것이 아니라 시시때때로 이루어지기 때문이다. 수업이 끝난 1시에 교무실에는 각 교실에 있던 교사들이 방과후과정 교사와 인수인계를 마치고 모여든다. 타닥타닥 자판기 소리가 울리면 언제나 그 사이로 선생님들의 대화가 오간다. 그 형태기 언뜻 보면 수다와 다를 게 없다. 그러나 그 내용은 그야말로 수업 연구 그 자체다.

"선생님 반 오늘 뭐 했어요? 엄청 재미있게 놀던데?"라는 다른 반의 수업을 관찰하고 물어보는 내용부터, "오늘 저희 반에 젤리 공장 놀이를 했는데요~"라는 자기 반의 수업 이야기를 공유하는 내용까지 그 주제는 다양하다. 가볍게 주고받는 대화지만 실상은 수업에 관한 반성적 성찰과 연구에 가깝다. 오늘의 수업을 전개하며 쌓은 노하우를 공유하기도 하고, 놀이 지원하다 발생하는 고민까지 이어지기 때문이다. 노하우를 들은 선생님은 적극적으로 배우고, 고민을 들은 선생님은 같이 진지하게 고민한다. 귀찮아하는 사람은 하나도 없다. 이렇게 매일매일이 이어진다.

매일 반성적 성찰과 수업 사례 연구를 하는 교사가 어떻게 제자리에 머물 수 있을까? 하루하루 즐겁고 편안한 분위기 속에서 수업 이야기를 나누는 일상. 그 속에서 우리는 조금씩 자라고 있다.

나를 열고 솔직하게, 개방성

5년 전 나와 지금의 나를 비교할 때 가장 큰 차이는 혼자서만 고민하지 않는다는 것이다. 그 차이가 지금의 성장에 아주 큰 영향을 미쳤다고 생각한다.

작년 '바다 놀이'를 할 때였다. 유아들이 바다에서 수영을 하고 싶다고 했다. 지금까지 수영 놀이를 하면 신문지나 비닐을 찢어서 수영장을 만들고 유아들과 놀이했었다. 그러나 마침 4월에 개구리 연못 놀이를 하며 비닐 수영장을 경험했었던 터라 조금 더 색다르게 해주고 싶었다. 그래서 각종 수업 사례를 찾아보고 연구하기 시작했다. 그러나 연구한다고 특별한 것이 나오지는 않았다. 그러다 동료 교사에게 고민을 털어놓게 되었다. 선생님은 나의 이야기를 천천히 듣더니 "선생님은 디지털을 잘 다루니까 그런 걸로 해보면 어때?"라고 말했다. 명확한 답변을 제시한 것은 아니지만 지금까지 내가 고려하지 않았던 관점이 열린 것이다. 그렇게 나는 '수영' 놀이를 위해 디지털 활용도 고려하게 되었다. 그리고 결국 줌을 활용한 디지털 놀이로 풀어가게 되었다.

초임 교사 시절, 수업에 대해 고민이 생기면 혼자 삼일 밤낮을 머리를 뜯고 고민을 했었다. 그렇게 고민을 하다가 어떤 것은 해결했고, 어떤 것은 모른 척 시간이라는 강 속에 흘려보내기도 했다. 열심히 노력했지만 해결되지 않았던 숙제들은 성장의 발판이 되기엔 모자랐다. 그러나 지금의 나는 다르다. 물론 혼자 고민하는 시간이 있기는 하다. 그러나 이제 혼자만 고민하지는 않는다. 이런 저런 생각을 해보고 다른 사람에게 조언을 구한다. 그러다 보면 혼자 고민했을 때보다 더 넓은 사고의 폭에서 문제를 검토해 볼 수 있기 때문이다.

첫해 나의 수업 고민을 털어놓을 수 없었던 것은, 마음이 충분히 열리지 않았기 때문이다. 대화를 충분히 할 시간이 없었고 평가를 받고 있으리라는 짐작 때문에 여러 가지로 마음이 자유롭지 못했다. 그런 나의 어려움이 풀린 것은 아주 작은 일로부터 시작되었다.

신규 교사로 발령받은 나는 첫 원내 연수를 위한 수업 공개를 준비하며 매우 긴장했다. 완벽하게 하고 싶다는 욕심 때문에 원내 공개 당일까지 불안에 시달렸다. 긴장을 떨치기 위해 나름대로 머릿속으로 상황을 그려보기도 하였다. '선생님들은 아마 교실 뒤편에서 내 수업을 참관하시겠지. 유아들은 이렇게 말하겠지.'라고 말이다. 그러나 막상 수업이 시작되자 그 예상은 산산조각 났다.

선생님들은 교실 뒤편에서 내 행동 하나하나를 기록하는 사람들이 아니었다. 오히려 놀이가 시작되자 선생님들은 유아들과 함께 놀이자로 참여했다. 내가 유아들과 상호작용하며 이야기를 나눌 때, 다른 선생님들은 아이들과 과일을 깎아 먹고, 물고기를 잡아 구워 먹으며, 텐트 속에서 함께 누워 별을 관찰하였다. 평가에서도 나의 수업에 대해 결점을 잡아내기보다는 인상 깊었던 점을 나누거나 궁금한 것을 물어보는 이야기가 이어졌다.

"계곡 소리를 틀어주니 아이들이 더욱 몰입하는 것 같아서 좋았어요."
"밤의 전구는 어쩌다가 만들게 된 거예요?"
"선글라스 끼고 캠핑 의자에 앉아 꼬치를 구워 먹는 것이 인상적이었어요."
"불판 곁에 왜 백업을 붙여 놓은 거예요?"

예상과 달랐던 수업협의회 덕분에 나는 동료 교사에게 수업을 공개하는 것에 대한 부담을 내려놓게 되었다. 그들을 나를 평가하는 사람이 아닌 함께 성장해 나가는 동료라고 인식하자 마음이 조금 더 가벼워졌다.

함께 성장하는 동료에게 조언을 구하지 못할 것이 있겠는가. 선생님들과 거리를 좁힌 나는 하나씩 나의 고민을 나누게 되었다. 그렇게 마음의 벽을 허물고 수업을 공유하게 되자 원내 공개 일정을 계획하여 수업 협의를 하던 때보다 더 자주, 더 깊게 수업에 대해 이야기하게 되었다.

마음을 열었으면 함께 열심히, 적극성

성장을 하기 위해서 마음을 열기만 하면 될까? 마음을 열고 그저 신변잡기만 나눈다면 일상 속 연구가 아닌 수다떨기에 불과하다. 편안한 분위기의 토의가 문화로 자리 잡기 위해서는 개방성과 더불어 수업에 대한 적극성이 반드시 갖추어져야 한다.

어느 날, 우리 반 유아들이 귀신의 집 놀이를 하기 시작했다. 전자 피아노를 자유롭게 사용할 수 있도록 개방해 두었더니 피아노의 버튼을 누르다 스산한 소리를 만들기 시작한 것이다. 처음에는 “귀신의 집이다!”라고 외치는 정도였기에 적당히 두면 그 놀이가 사라질 것이라고 생각했다. 그런데 이게 웬걸…. 유아들이 피아노 앞에 화이트보드를 끌어다 놓고 ‘귀신의 집’이라고 글자를 쓰기 시작했다. 며칠 뒤 여자 친구들은 머리를 풀어 헤치고 다음 날에는 융판 뒤에 숨어 있다가 앞에 있는 친구들을 놀라게 하기도 했다. 처음에는 소수만 즐기던 놀이가 점차 반 전체로 확산되었다. 이쯤 되니 더는 외면할 수 없었다. 분명히 아이들의 흥미가 살아있는 놀이였기 때문이다. 그러나 보호자들이 이 놀이를 유아의 입을 통해, 놀이안내장을 통해 듣고 본다면 어떻게 보일지 망설여졌다. 마침내 나는 동료 교사에게 솔직하게 고민을 털어놓았다.

만약 이 고민을 들은 동료 교사가 “선생님 반 애들 재밌게 노네.”라고 말하고 지나갔다면 나는 그 해 그렇게 끝내주게 재미있고 배움이 넘치는 놀이를 하지 못했을 것이다. 고민을 들은 동료 교사는 “그냥 해보면 어때요? 교육적으로 걱정되는 부분까지 가지 않도록 적정선을 찾아보는 거지. 재미있을 것 같은데요.”라며 나를 지지해 주었다. 그리고 같은 연령이니 같이 놀이해 보자고 제안하며 우리의 수업이자 연구가 시작되었다. 유아들은 ‘귀신의 집’ 놀이에 누구보다 몰입하며 하루가 다르게 놀이의 규모를 키웠다. 어느 날은 귀신의 집 지도가 생기고, 또 다른 날은 교실에 터널이 생겨났다. 우리는 수시로 놀이에 대해 협의했다. 서로 다른 점을 공유하고, 함께 만나서 놀이하는 일정을 수립하기도 했다. 매일매일이 '어떻게 하면 더 재미있는 귀신의 집 놀이를 할 수 있을까?' 하는 놀 궁리로 가득했다.

곁에서 적극적으로 놀이와 유아에 대해 고민하며 때로는 지지하고 때로는 지원하는 동료 교사가 있었기에 귀신의 집 놀이는 유아와 교사에게 많은 배움을 남겼다. 그 시간이 서로가 서로에게 배울 수 있었던 시간으로 남을 수 있었던 것은 두 명의 교사 모두 놀이를 지원하는 것에 진심이었기 때문이라고 생각한다.

멀리 가려면, 함께 가라

교직생활에는 많은 변수가 존재한다. 개인사나 행정 업무, 수업을 하면서 생기는 크고 작은 문제, 각종 민원 등 원인은 다양하지만 일을 하다 보면 계획하지 않은 일이 수시로 생기기 때문이다. 그럴 때면 수업에 대한 열정이 조금 사그라들 수 있다. 5년, 짧다면 짧은 시간이지만 나에게도 분명 그런 순간이 있었다. 그러나 그렇게 힘들고 지칠 때에도 유아와 수업을 놓지 않고 한발 한발 나아갔던 것은 함께 하는 선생님들이 곁에 있었기 때문이다.

내가 나도 모르게 힘이 빠지는 순간이 있다. 그럴 때 옆 자리에서 들려오는 고민을 듣게 되면 '아차!' 하게 된다.

> "우리 반에 이번에 솔개가 날도록 하고 싶은데 좋은 방법이 있을까요? 지금 커튼 레일을 고민하고 있어요."

고민을 들으면 함께 고민하고 의논해 주는 것이 습관처럼 자리 잡았기에 지치고 힘들더라도 함께 머리를 맞대기 시작한다. 그리고 아이디어를 나누다 보면 어느새 나 자신을 돌아보게 된다. '나도 우리 반의 놀이를 위해 조금 더 노력해야 하지 않을까?' 하고 말이다. 혼자라면 쉽게 찾아오지 않았을 성찰의 기회가 나를 또다시 앞으로 나아가게 만든다. 놀 궁리에 진심인 선생님들은 항상 누군가는 수업으로 고민 중이다. '옆에서 모두가 열심인데 나 혼자 멈춰있을 수는 없지 않나?'라는 생각으로 한 발 더 내딛으면 그게 곧 내 실력이 된다.

경각심만이 나의 버팀목이 되는 것은 아니다. 업무가 버거워서, 민원 때문에, 막막한 수업에 대한 고민에 힘겨움이 커지며 힘이 들 때, '내가 과연 잘 이겨낼 수 있을까?'라는 고민을 안고 있노라면 곁에서 응원의 손길이 다가온다. 이미 이 시간을 겪어낸 선생님이 지난 경험을 나눠주기도 하고, 함께 이 시간을 걷고 있는 선생님이 서로를 지지하며 걸어가자고 위안을 건네기도 한다. 이런 따듯한 손길이 또 한 번 도전하는 힘이 되기도 한다.

지난 5년, 마음을 열고, 같이 연구하는 것이 즐거워 열심히 달려왔다. 그저 열심히 했을 뿐인데 여러 방면에서 성장을 이룰 수 있었다. 너와 나를 가르기보다 우리라는 이름으로 함께 똘똘 뭉쳤던 우리는, 모두가 놀 궁리에 진심이었기에 지금의 성장을 이룰 수 있었다.

업무와 수업 사이의 아슬아슬한 줄타기

겉바속촉! 유아 교사

"같이 놀기만 하면 되는 거 아니에요?" (놀아본 사람은 안다. 아이들과 같이 놀기 위해서는 얼마나 많은 에너지가 필요한지)

"유아 교사는 아이를 좋아하는 사람만 할 수 있을 것 같아요."
"내 아이 하나도 보기 힘든데. 선생님들은 정말 대단하세요."

아마 '대단'하다는 말 속에는 유아 교사가 정말 대단하다는 의미와 함께 고되고 힘든 직업이라는 인식도 내포되어 있지 않을까?

이렇게 유아 교사를 바라보는 시선이 다양한 만큼 유아 교사의 역할 또한 경계(?) 없이 무궁무진하다.

유치원 학급은 연령에 따라 한 반에 적게는 15명, 많게는 24명의 유아로 구성된다. 유치원 교실을 가득 채우는 귀엽고 통통통 생기발랄한 유아는 모두 저마다의 요구와 개별적인 특성이 다른 독립적인 인격체이다. 자아가 형성되기 시작하면서 자기주도성을 키우고 또래들과 어울리며 사회관계를 시작하지만 발달론적 관점에서 보았을 때 아직은 자기중심성이 강한 시기라고 할 수 있다. 자기중심성은 피아제의 심리학 이론인 인지발달 단계 중 2~6, 7세 정도인 전조작기에 보여지는 특성이다. 자기중심성을 나타내는 유아는 세상의 다양한 문제와 상황을 자기의 입장에서 이해하며 판단한다. 이런 유아들이 모여 각자 다른 요구를 한다고 생각하면 상상만으로 아찔하지 않는가.

매일 아침 등원하며 "선생님, 나 왔어요." 하고 자신의 존재를 큰 소리로 알리면서 교실로 들어서는 아이, 간밤에 일어난 일들을 쉴새 없이 재잘재잘 선생님에게 보고하는 아이, 눈물 바람으로 엄마와 헤어지기 힘들어하는 아이까지! 유아의 다양한 모습을 무지개라고 한다면 일곱 가지 색깔로는 터무니없이 부족할 듯하다. 교실 현장에서 유아 교사는 유아의 개별적 상황을 파악하고 지원하기 위해서 동에 번쩍 서에 번쩍 분주할 수밖에 없다. 유아의 요구에 따른 맞춤형 지원을 위해 융통성 있게 다양한 역할을 수행하며 필요에 따라 엄마가 되었다가 친구도 되고 걱정 요정(걱정을 함께 들어주며 토닥토닥 위로해 주기)도 되어주는 등 변신의 천재가 되어야 한다. 유아 맞이, 건강 체크, 대소변 도와주기, 마음 알아주기, 재미있는 놀이 수업, 갈등 조정, 식사 지도, 환경구성 등 여러 가지 일들을 동시다발적으로 하다 보면 몸이 열 개였으면 하는 바람이 저절로 생긴다. 거기다 각종 행정 업무에 보호자 상담, 민원 업무까지 처리하다 보면 종종 퇴근 시간을 훌쩍 넘기기도 한다. 한마디로 겉으로 봐도 바쁘고 속도 촉박하게 바쁜 유아 교사다.

그럼에도 '유아 교사'라는 직업에는 빠져나올 수 없는 매력이 있다. 바로 아이들이 커가는 모습을 실시간으로 함께 느끼고 관찰하며 유아의 변화와 성장을 발견했을 때 느끼는 찌릿한 뿌듯함이다. 학기 초에는 좋아하는 고기반찬 이외에는 입을 딱 다물고 거부하던 유아가 채소나 나물반찬을 스스로 먹는 모습, 친구와 놀잇감을 가지고 갈등이 일어나는 상황에서 "우리 가위, 바위, 보 할래?", "내가 시계 긴 바늘 6자까지 놀잇감 쓰다가 그 다음에 너 줄게." 등 완벽하지는 않지만 조금씩 서로 타협하고 갈등을 조절해 나가는 모습. 그런 모습을 발견할 때마다 잔잔한 감동과 기쁨으로 즐거워진다. 무엇보다 가장 큰 매력은 아이들에게 받는 위로와 사랑이다. 남편도 몰라보는 새로 산 귀걸이, 미묘하게 변하는 나의 감정 상태를 아이들은 빠르게 눈치채며 관심을 가진다.

"선생님, 귀걸이 예쁘다."
"선생님, 왜 우는 표정이에요? 내가 안아줄게요."

때때로 많은 업무에 몸과 마음이 바닥으로 가라앉는 것처럼 지쳐 갈 때도 유아가 건네는 작은 관심과 위로에 힘을 얻는다. 그리고 파커 J. 파머의 책 제목처럼 다시금 '가르칠 수 있는 용기'를 되찾는다.

이 세상에 좋은 건 모두 주고 싶은 마음

OECD는 유아기의 학습이 이후 교육적 성공을 예측하는 데 있어 그 어떤 요인보다 강력하다고 강조하며 유아교육의 중요성을 지속적으로 제기하고 있다. 이때 말하는 '학습'은 단순히 읽고 쓰는 등의 인지적 학습만을 의미하는 것이 아니다. 신체운동능력, 의사소통능력, 사회·정서적 발달, 예술적 경험, 탐구심과 같은 유아가 세상을 살아가는 데 꼭 필요한 기초역량 전반을 포괄하는 개념이다. 유아기는 생애 초기 삶의 모든 것을 감각을 통해 스스로 경험하고 직접 체험하며 자기나 자기를 둘러싼 주변과 소통한다. 유아 교사는 세상의 모든 것에 호기심을 가지고 스펀지처럼 배우는 유아의 모습을 가장 가까이에서 관찰하며 함께한다. 하루가 다르게 쑥쑥 자라는 아이들에게 즐거운 놀이와 의미 있는 경험을 제공하고 싶은 마음은 아마 유아 교사라면 기본으로 장착된 옵션이 아닐까 싶다.

유치원의 교육과정에는 별도의 교과서가 없으며, 교사가 유아의 놀이를 중심으로 교육과정을 자율적으로 구성할 수 있도록 자율성을 강조하고 있다. 특히 2019 개정 누리과정에서는 기존의 다섯 가지 영역에 포함된 세부 내용을 총 59개로 대강화하여 교육과정 개정의 핵심 취지를 더욱 명확히 드러내고 있다. 이는 유아가 스스로 경험하고 체험하며 배울 수 있도록 돕는, 창의적이고 자율적인 교육 실현을 목표로 한다. 이러한 흐름에 따라 유치원에서는 정규 수업 외에도 다양한 활동과 행사를 적극적으로 기획하고 운영한다. 그래서인지 유치원은 다른 학교급과 비교해도 특별한 행사가 유독 많다. 체험학습, 운동회, 발표회, ○○놀이 Day 등 월마다 이어지는 놀이와 행사는 물론이고, 놀이 지원들도 교사의 기획과 준비가 필요하다. 물론 준비 과정이 벅찰 때도 있다. 하지만 아이들이 놀이 후 환하게 웃으며 "선생님, 진짜 재미있어요!"라고 말하며 몰입하는 모습을 볼 때면 열정에 가속도를 붙이며 일하게 된다.

실제로 하나의 행사를 준비하기 위해 짧게는 1주일, 길게는 3~4주 이상이 소요되기도 한다. 놀이 역시 마찬가지다. 유아의 흥미와 몰입을 끌어내기 위해 교사는 놀이 지원은 물론 교재·교구 준비와 환경구성에 많은 시간을 들인다. 이러한 과정은 어느새 1~2주를 훌쩍 지나가게 만든다. 그럼에도 불구하고, 교실에서 펼쳐지는 유아들의 즐겁고 진지한 놀이 모습, 그리고 그 속에서 피어나는 배움과 성장이 이 모든 과정에 보람을 느끼게 한다.

잠깐 멈춤! 지금 되돌아보기

문제는 그다음이다. 많은 놀이와 행사를 준비하려면 공문 작성, 품의 절차, 환경구성 등 수많은 업무가 동시에 몰려온다. 해야 할 일들은 차곡차곡 눈앞에 쌓이고, 시간을 쪼개가며 해야 할 일이 적힌 업무수첩에 하나씩 빨간 줄을 그어가며 처리한다. 하지만 아직 줄을 긋지 못한 항목들이 훨씬 더 많다. 놀이도 마찬가지다. 재미있는 놀이를 준비하는 데 온 에너지를 쏟다 보면, 정작 놀이 과정 중 "선생님, 같이 놀아요!"라는 아이의 요청에 "순우야, 선생님이 천장에 별 붙이고 같이 놀자. 잠깐만 기다려줄래?"라는 말이 나도 모르게 입 밖으로 튀어나온다. 가장 중요한 지금 이 순간, 유아의 흥미와 관심에 따라 함께 놀이하는 과정이 눈앞의 업무와 준비 사이에서 밀려나 버리는 것이다.

이럴 땐 어떻게 해야 할까? 아이들의 놀이와 배움을 위해 준비한 행사와 놀이인데 정작 그 안에서 아이와 함께 노는 시간은 자꾸만 뒤로 밀리게 된다. 지금 놀이를 준비하느라 놀이의 핵심인 아이들과 함께하는 순간을 놓치고 있는 건 아닐까?

교사는 유아의 성장을 지원하기 위해 지원자, 중재자, 조언자, 참여자 등 다양한 역할을 수행한다. 하지만 현실 속에서 놀이참여자의 역할은 종종 가장 마지막 순서로 밀려난다. 그것이 아이들이 가장 기다리는 역할인데도 말이다. 이럴 땐 정말 슈퍼맨 같은 누군가가 나타나서 모든 공문과 행사 준비, 환경구성까지 척척 해주었으면 좋겠다. '차려진 밥상에 숟가락을 얹고' 온전히 아이들에게만 집중하며 놀이할 수 있을 텐데 말이다.

경력이 쌓이며 갖게 된 작은 꿀Tip!

업무와 즐거운 놀이 과정, 두 가지 모두 다 놓치지 않는 아슬아슬한 줄타기 비법!

지금부터 소개한다.

먼저 창의적이고 자율적인 교육과정 중심의 유치원 운영을 위해 1년의 학사일정을 매 학년도가 시작되기 전에 구체적으로 계획·수립한다. 계획·수립 전에는 전년도 교육과정에 대한 유아의 피드백과 놀이 방향을 협의한다. 평소 관찰이나 사진, 동영상, 유아의 반응을 통해 남겨두었던 유아의 흥미와 선호도를 적극적으로 반영한다. 특히 자기의 의견을 효과적으로 표현하기 어려운 유아기는 놀이나 행사 직후 담임교사의 세심한 관찰이 필수적이다. 다음으로는 유아 교사뿐 아니라 유치원에 근무하고 있는 행정실의 교직원, 급식실의 영양교사, 조리원, 보건교사 등 모든 교직원의 다양한 의견과 한해살이 평가를 생생하게 반영한다. 현장에서 함께 협력하고 업무를 추진해 온 교직원의 다양한 생각과 의견은 유아·놀이 중심 교육과정에 활기를 불어넣고 유치원 운영에 자율성을 더하는 가장 좋은 방법이다. 특히 교직원들의 다양한 의견은 미처 생각하지 못했던 부분을 되돌아보게 하고 교직원 모두가 교육의 주체가 되게 하는 효과적인 방법이라고 생각한다. 예를 들면, 단샘유치원에서는 6월 25일에 6·25전쟁 기념일을 맞이하여 각 반 교실에서 계기 교육을 실시하고, 급식실에서는 영양교사가 아이들에게 주먹밥을 제공하여 전쟁 중 먹었던 음식을 직접 체험하게 한다. 선생님의 설명과 관련 영상으로 계기 교육 후 급식실로 점심을 먹으러 온 유아에게 우리나라의 역사적 사실을 몸으로 직접 체험하게 하는 효과 만점 생생 교육이다.

마지막으로 교육공동체에는 유아, 유치원에서 근무하는 교직원뿐만 아니라 유아를 유치원에 보내고 있는 보호자도 포함된다. 흔히 유아, 교직원, 보호자를 교육의 3주체라고 한다.

유아와 교직원들의 전년도 교육과정에 대한 의견과 평가를 먼저 수렴하고 가족 운동회, 놀이 참관, 참여수업, 가족과 함께하는 놀이 day, 학예발표회 등과 같은 큰 행사 후에 받은 보호자의 소감록과 설문 내용도 함께 교육과정 편성에 활용한다. 이때 보호자는 일방적으로 유치원의 교육활동이나 교사를 평가하는 것이 아니라 행사나 놀이 참여를 통해 자녀에 대해 새롭게 알게 된 점이나 느낀 점, 자녀의 성장을 함께 기록하도록 한다.

둘째, 체험학습이나 운동회, 발표회, 찾아오는 뮤지컬, 인형극 관람 등 굵직한 행사는 시간적 여유가 있는 1~2월의 겨울방학 중에 업체나 장소를 미리 선정하여 날짜를 정하고 구두 계약 단계까지 사전 진행한다. 학기 중에는 정해진 날짜에 전화로 확인 정도만 해주면 되니 행사 진행이 훨씬 수월해진다.

셋째, 원장, 원감, 행정실장, 부장교사 및 교사들 간의 사전 협의를 통해 유치원 실정에 적합한 위임전결 규정을 정한다. 담임교사의 업무경감, 교육과정 중심의 업무추진을 위해 정해진 위임전결 규정에 따라 결재 라인을 최소화한다. 위임전결은 유치원 조직 내의 권한을 분산하고 형식적이고 사무적인 긴 결재 절차를 단순화하여 일의 효율성을 높인다. 또한 위임전결을 통해 권한을 분산함으로써 자기 업무에 대한 자율성뿐만 아니라 책임감까지 높일 수 있다.

넷째, 보호자에게 발송하는 가정통신문, 체험신청서, 각종 동의서는 월별 또는 분기별로 한꺼번에 받거나 다양한 스마트 앱을 이용하여 자동화시키면 불필요한 업무도 줄이고 종이도 아끼는 등 일거양득의 효과를 얻을 수 있다.

다섯째, 교육지원청의 업무자료실, 학교지원센터, 공공기관의 프로그램, 지역사회의 전문가 초빙, 인생도서관 등 기관과 지역사회의 인프라를 적극 활용한다. 그 중에서 인생도서관은 2025학년도부터 경상북도교육청에서 교직원의 업무경감 차원으로 시행하는 신규 사업으로 인생도서관 멘토에게 업무에 관련된 노하우, 자료 등을 특별한 절차 없이 교육청 내 업무메신저를 통해 바로 지원받을 수 있다. 아마 다른 시도에도 명칭은 다르지만 비슷한 취지의 사업이 있지 않을까?

혼자 또는 유치원 안에서 모두 해결하기보다 교육지원청, 지역사회와 연계하여 도움을 요청하자. 생각지도 못한 시너지가 종종 생긴다.

여섯째, 즐겁고 생동감 있는 유아 주도의 놀이 과정을 위해서는 유아와 많은 것을 공유하고 같이 하자. 놀이 자료 준비, 환경구성, 놀이지원자, 놀이참여자는 교사 혼자 모두 해야 하는 일이 아니다. 교사도 이 많은 것들을 혼자 하다 보면 놀이 준비에 많은 시간이 소모되고 교사는 유아와 함께 놀이를 즐기는 것이 아니라 업무를 감당(?)하게 된다. 글씨나 그림이 삐뚤빼뚤하면 좀 어떤가? 환경구성의 권한을 유아의 자율에 맡기고 친구와 적극적으로 상호작용하면서 서로가 참여자가 되고 조언자가 될 수 있도록 지원해 보자. 생각보다 유아는 적극적으로 잘해낸다. 유아와 함께 의논하고 유아가 주도적으로 만들어가는 교실과 놀이는 생동감을 더하는 진정한 교육과정의 실천이다.

마지막으로 많은 업무 중 하나를 선택해야 할 때는 언제나 유아가 먼저라는 걸 잊지 말자. 업무를 하는 이유와 의미를 돌아보고 무엇 때문에 하는 일인지 반성적 성찰과 함께 내려놓자. 교실의 유아가 '언제 선생님이 나의 말을 들어줄까? 언제 같이 놀아줄까?' 똘망똘망한 눈으로 늘 선생님을 예의주시하고 있으니 말이다.

민원에서 살아남고 학부모 안심시키기

몸과 마음을 지치게 하는 업무 중의 업무! 그 이름은 민원!

몇 해 전의 일이다. 다음 날 행사 준비로 저녁 8시도 훌쩍 넘긴 시간에 유치원에 남아 동료 교사들과 같이 행사 준비를 하고 있었다. 그때 울리는 전화벨 소리! 받을까 말까 살짝 고민이 되었지만 늦은 시간에 무슨 일일까 싶어서 수화기를 들었다. 우리 반 시은이의 아빠였다.

"나 시은이 아빠인데 꽃다락반 선생님 바꾸세요."
"네, 안녕하세요. 시은이 아버님. 제가 담임교사입니다. 무슨 일 때문에 그러실까요?"

늦은 저녁 시간에 유치원으로 걸려온 전화로 당황하기도 했지만 평소 잘 만날 수 없었던 시은이 아빠의 전화였기에 궁금하기도 하였다. 사연의 내용은 시은이가 집에 오면 자기가 이끔이를 하고 싶은데 오늘도 못했다며 속상해한다는 것이다. 그러면서 우리 아이가 너무 하고 싶어 하니 유치원에서 이끔이를 자주 시켜 달란다. 참고로 이끔이는 앞장서서 선생님과 친구들을 도와주고 우유통도 정리하는 우리 반의 도우미 같은 제도이다. 이끔이는 매일 3~4명의 유아가 돌아가며 선정된다. 별것 아닌 활동이지만 대부분의 유아는 이끔이 활동을 매우 좋아하고 이끔이가 된 유아는 그날 하루 친구들을 적극적으로 도와주고 의식적으로 더 의젓한 행동을 보여주기에 평소 생활지도 시 적절히 써먹는 나만의 당근(강화)이기도 하다.

순간 '시은이가 이끔이 활동을 많이 하지 않았나?' 혼자 머릿속으로 되짚어 보았다. 반 아이들은 모두 24명! 하루 2~3명씩 하고 있으니 열흘에 한 번씩은 돌아가고 있는 셈이었고 시은이도 꾸준히 이끔이 활동을 하고 있었다. 아버님께 상황 설명을 드렸지만 막무가내였다. 오직 자기 자녀의 속상한 마음을 달래주고 나서서 해결해 주고 싶은 마음이 큰 것 같았다. 여차여차 설명을 드리고 전화를 끊었지만 우리 반의 교육적 지도와 약속을 무시하고 일방적인 요구만 하고 있다는 생각에 속상했다. 또 누군가에게 심한 욕설을 들은 것처럼 불쾌한 마음이 들었다. 늦은 밤까지 행사 준비를 하고 있었던 나의 어깨에 힘이 쭉 빠졌다.

단샘유치원의 사례는 아니지만 다른 유치원에서는 보호자가 장염이 있는 유아를 유치원에 등원시켜 놓고는 아이가 대변을 볼 때마다 대변 사진과 함께 유선으로 연락을 해줄 것을 요구했다고 한다.

이 외에도 큰 이슈가 되었던 서이초 교사, 제주 교사 사망 사건에서도 볼 수 있듯이 교육 현장에서 크고 작은 교육활동 침해 사례가 빈번하게 발생한다. 물론 사망 사건에 비할 것은 아니지만 위의 두 가지 사례도 교육활동 침해 사례라고 볼 수 있다. 지금은 교육활동 침해라는 명칭이 새로 생겼지만 현장에서는 교권 침해라는 말로도 흔하게 쓰인다.

교권은 교육에 관한 일정한 권리를 보호하기 위하여 법이 특정한 개인 또는 단체에게 부여한 권리, 즉 교육을 위해 법이 인정한 권리와 사회적·윤리적으로 교원의 지위와 능력에 따라 부여된 권리라고 정의하고 있다. 갈수록 약화되는 교권과 교육3주체 간의 갈등, 대표적인 교육활동 침해로 정의할 수 있는 교사들의 희생이 언론의 주목을 받으면서 2023년 교권 4법, 교원지위법이 국회를 통과하였다.

교권 4법 중 핵심인 「교원의 지위 향상 및 교육활동 보호를 위한 특별법(교원지위법)」의 주요 변경 내용을 살펴보면 다음과 같다. 먼저, "교육활동 침해행위"의 개념을 별도로 분리·규정하고, 침해행위의 유형을 확대하여 규정하였다. 이로써 「형법」상 공무방해죄, 무고죄, 업무방해, 그 밖에 다른 법률에서 형사처벌 대상으로 규정한 범죄로 간

주되었다. 교원의 교육활동을 침해하는 행위, 교원의 교육활동을 부당하게 간섭하거나 제한하는 행위로서 목적이 정당하지 아니한 민원을 반복적으로 제기하는 행위 등도 침해행위로 추가되었다.

교육활동 침해의 종류는 크게 네 가지로 나누어 볼 수 있다.

- 학생(유아)에 의한 교육활동 침해
- 보호자에 의한 교육활동 침해
- 학교 안전사고 관련 교육활동 침해
- 교직원 및 행정기관 관련 교육활동 침해

국내의 육아연구소 통계에 따르면 유치원에서는 보호자에 의한 교육활동 침해나 안전사고 관련 교육활동 침해가 가장 많이 발생하고 있다고 한다.

다음은 악성 민원의 대표적인 유형이다.

보호자 악성 민원의 대표적 유형

- 목적이 정당하지 아니한 민원을 반복적으로 제기하는 행위
- 교원의 법적 의무가 아닌 일을 지속적으로 강요하는 행위
- 교원의 정당한 교육활동에 대해 반복적으로 부당하게 간섭하는 행위

유치원뿐만 아니라 초·중등학교에서도 교육활동 침해 사례를 사전에 예방하기 위하여 안내문 배포, 보호자 연수 등을 통해 지속적으로 교육활동 보호에 노력하고 있다.

교육활동 보호 및 악성 민원 근절 안내	교무실: 522-**** FAX: 522-**** 담당자: 김*온

안녕하십니까? 여름방학을 맞아 가정에 평안이 가득하기를 기원합니다. 보호자님의 따뜻한 관심과 사랑 덕분에 우리 아이들이 1학기 동안 알찬 성장을 이루었습니다. 진심으로 감사드립니다.
하지만, 일부 보호자님들의 '내 자식 사랑'이 오히려 교육 현장에 고통을 주는 사례가 발생하고 있습니다. 내 아이 중심의 민원이 잦아지면서 교권이 약화되고, 결과적으로 학생들의 학습권이 침해받는 안타까운 상황이 발생하고 있습니다. 이에 경상북도교육청에서는 교육 현장이 안정적으로 운영될 수 있도록 다음과 같이 안내드립니다.

■ 교원의 교육활동은 법으로 보호받고 있습니다.

- 「교원의 지위 향상 및 교육활동 보호를 위한 특별법 및 시행령」과 「유아교육법」 「초·중등교육법」은 교사의 수업 권리를 보호하며 정당한 생활지도를 보장하고 있습니다.

■ 교원의 개인 전화번호는 비공개입니다.

- 담임 선생님과 원하시면 유치원 대표번호나 학교종이앱으로 소통해 주세요.
  - 단샘유치원 대표번호(교무실) ☎ (054) 522-7750또는 학교종이앱
- 소통 시간을 지켜 주세요! 근무 시간 중에만 연락하시기 바랍니다.
  - 근무일 08:30~16:30 소통 가능, 출근 시간 전, 퇴근 시간 후, 주말 및 공휴일은 안돼요!

■ 상담은 사전 예약제입니다.

- 유치원과 교실에 사전 예약 없는 방문은 삼가주세요.
- 담임 선생님 또는 희망 교사(관리자 포함)와 상담 희망 시 유치원 대표번호로 전화하여 미리 예약해 주세요.

■ 악성 민원을 자제해 주세요.

- 최근 반복적인 민원 제기로 힘들어하는 선생님들이 아주 많습니다.
- 정당한 교육활동에 대한 반복적인 전화, 문자 등 악성 민원은 교육활동 침해이며 지역교권보호위원회를 통해 엄정하게 대응됩니다.

보호자 악성 민원의 대표적 유형
• 목적이 정당하지 아니한 민원을 반복적으로 제기하는 행위 • 교원의 법적 의무가 아닌 일을 지속적으로 강요하는 행위 • 교원의 정당한 교육활동에 대해 반복적으로 부당하게 간섭하는 행위

★ 유아, 학부모님들의 따뜻한 존경과 지지 속에서 오늘도 선생님들은 성실하게 교육에 전념하고 있습니다. 그러나 많은 선생님들이 심리적 소진으로 교육활동보호센터에 상담을 의뢰하고 있습니다. 점점 어려워지는 교육 환경 속에서도 교육 3주체인 유아, 보호자, 교사가 서로를 존중하며 우리 유아들의 건강한 성장을 위해 힘쓸 수 있도록 많은 이해와 협조를 당부드립니다.

2025. 7. 18.
단샘유치원장

〈가정으로 발송하는 교육활동 침해 안내문〉

교육활동 침해 예방 교육

단샘유치원

1 교권보호

우리 유치원은 경상북도교육청의 교권보호 종합대책 세부시행계획안에 의거하여 이와 관련된 내용을 안내드리면서 유아가 보호되고 교권이 존중되는 유치원, 교원이 안심하고 교직에 전념할 수 있는 환경조성에 노력하고 있음을 안내드립니다.

교권이란?

교권이란 교육에 관한 일정한 권리를 보호하기 위하여 법이 특정한 개인 또는 단체에게부여한 권리, 즉 교육을 위해 법이 인정한 권리와 사회적·윤리적으로 교원의 지위와 능력에 따라 부여된 권리

교권침해

「교원의 지위 향상 및 교육활동 보호를 위한 특별법」(이하 '교직원지위법') 제15조제1항에서는 소속 학교의 학생 또는 그 보호자 등이 교육활동 중인 교원에 대하여 아래 표의 교육활동 침해 유형에 해당하는 행위를 한 경우

교육활동 침해 유형

구분	교육활동 침해 유형
형사처분대상	◇ 상해와 폭행, 협박, 명예 훼손, 모욕, 불법 정보 유통, 손괴, 성범죄(성폭력범죄의 처벌 등에 관한 특례법 제2조 제1항), 공무집행(업무) 방해
형사처분제외	◇ 교원의 정당한 교육활동에 대해 반복적으로 부당하게 간섭하는 행위 ◇ 교육활동 중인 교원에게 성적 언어 등으로 성적 굴욕감 또는 혐오감을 느끼게 하는 행위 ◇ 교육활동 중인 교원의 영상·화상·음성 등을 촬영·녹화·녹음·합성하여 무단으로 배포하는 행위 ◇ 그밖에 유치원장이 「교육공무원법」 제43조 제1항에 위반한다고 판단하는 행위
사례	◇ 보호자가 교사에게 하루에도 수차례 수시로 특별한 용무나 사유없이 전화를 하거나 문자 메시지를보내 교사의 업무나 수업에 과도하게 간섭하거나 방해하는 행위 ◇ 자녀의 개인적인 이유로 유치원 교육과정에 반복적이고 부당한 요구를 하거나 간섭하는 경우

예방교육자료(동영상)

순	내용구성	QR코드
1	학교 교육활동 침해 행위의 정의, 실태, 유형 및 사례를 소개하고 학부모가 할 수 있는 일 안내 https://www.youtube.com/watch?v=VysgbpqlOKg	
2	【사례1】 학부모가 교사의 지도에 반감을 갖고 폭언, 협박, 모욕, 명예훼손 등의 행위를 함 【사례2】 학부모가 교원의 정당한 교육활동에 대해 반복적으로 부당한 간섭을 함 https://youtu.be/pkLMlkzCyZM	

〈가정으로 발송하는 교육활동 침해 연수자료〉

그럼에도 불가피하게 교육활동 침해사건이 발생했다면 어떻게 해야 할까?

유치원 차원에서는 유아와 보호자의 특별 교육과 심리치료를 실시할 수 있다. 또한 교권 보호를 위한 원장의 책무성을 강화하고 연2회 유치원 방문의 날을 지정하여 운영한다. 유치원 민원대응전담팀을 구성하고 유아 생활지도방법 등을 유치원 규칙에 구체적으로 반영한다.

교육지원청 차원에서는 교권보호위원회를 설치하고 교원안심번호 서비스를 지원할 수 있다. 또한 지역경찰서와 폭력방지 및 교권보호 MOU를 체결한다.

실제적으로 교육활동 침해를 겪은 교원은 가해자와 즉시 분리 조치 후 교원치유지원센터의 지원을 받을 수 있다. 교원치유지원센터에서는 전문상담사와 상담 지원, 변호사 법률 지원 및 대응, 의료기관 연계 치료 지원, 상담기관 연계 심리상담 지원을 받을 수 있다. 교단 복귀 및 사후 지원으로는 복귀 교원 모니터링, 지속적인 적응 지원, 힐링 프로그램 운영, 교육활동 전념 여건 조성을 도울 수 있다.

이러한 제도를 뒷받침하기 위해서는 교권을 존중하는 문화가 조성되어야 한다. 교사의 교육활동 보호는 유아의 인권 존중과 학습권 보호를 위해 반드시 필요하다는 교육주체 간의 공감대를 형성하고 보호자에게도 지속적으로 안내해야 한다. 실제로 많은 학부모들이 교육활동 보호의 중요성에 대해 공감하고 있다. 유치원에서도 어떤 사건이 발생했을 때 보호자를 무조건 이해시키려 하기보다 부모의 말을 끝까지 들어주고 차분히 기관과 교사의 입장을 설명하는 등 교육주체들 간의 배려와 이해가 필요하다. 행복한 유아의 건강한 성장에 밑거름이 되려면 유치원과 가정, 지역사회가 한마음이 되어 서로를 신뢰하고 원팀의 마음가짐으로 최선을 다해야 한다. 아프리카 속담에도 "한 아이를 키우려면 온 마을이 힘을 보태야 한다."는 말이 있듯이 말이다.

풍요를 누리고 자란 부모, MZ세대

어른들이 자주 하는 말씀! "요즘 아이들은...."

유치원에서 근무하다 보니 이 말은 유아에게만 해당되는 말은 아닌 듯하다. 요즘 학부모들은 10년 전이 다르고 불과 5~6년 전과도 많이 달라졌음을 느낀다. 대체적으로 자유롭고 풍요로운 환경에서 자란 MZ세대 부모는 대부분 대학을 졸업하고 가정에서는 존중받으며 자랐다. 그래서인지 이전의 부모보다 자녀의 발달에 관심을 가지고 자녀의 생각에 귀 기울이며 자녀의 눈높이에서 대화하려는 적극적인 자세를 지니고 있다. 다양한 육아서와 SNS를 통해 유아의 발달과 정서, 기질에 대한 정보도 열심히 탐색한다. 자연히 자녀의 유치원 생활이나 감정 상태, 얼마나 골고루 먹는지, 친구와의 관계 등 세세한 부분도 자주 궁금해할 때가 많다. 물론 당연한 일이다. 보호자로서 내 자녀를 이해하고 소중히 키우려고 노력하며 많은 시간 육아에 정성을 기울이는 부모들을 보며 '우리 사회가 정말 많이 성숙해졌고 유아교육에 있어서도 선진국이 되어가고 있구나' 느끼게 된다.

잘 키우고 있는 걸까요? 불안도 걱정도 많은 부모

반면 다른 측면에서 살펴볼 필요도 있다.

정보가 넘쳐나는 디지털 미디어 사회 속에서 부모들은 자녀 교육과 양육에 대한 수많은 정보에 실시간으로 노출되고 있다. SNS를 통해 내 아이와 비슷한 또래의 성장과 발달 과정이 공유되면서 10개월 만에 걷는 아기, 4세에 한글을 깨우친 아이, 국내외를 자유롭게 여행하며 다양한 문화를 경험하는 아이들의 이야기가 손 안의 화면 속에 펼쳐진다. 이전에는 알 수 없었던 타인의 일상이 이제는 지구 반대편에서 벌어지는 모습까지도 생생하게 전해진다. 그로 인해 생겨나는 끊임없는 비교. '혹시 내 아이만 뒤처지는 건 아닐까?' 부모들은 우리 아이의 인지발달, 신체 성장, 심리·정서 상태, 사회성까지 모든 영역에서 '시기적절한 발달'을 걱정하게 되고, 때로는 그 불안이 기관에 대한 기대와 요구로 이어지기도 한다. 단순한 학습 성취뿐 아니라 아이의 기분 변화, 정서 반응, 또래 관계, 소소한 감정 표현 하나하나까지 교사가 어떻게 관찰하고, 어떻게 대응해 주는지에 대한 부모들의 관심도 점점 높아지고 있다.

"선생님, 오늘 지은이가 유치원에서는 기분이 괜찮았나요? 등원할 때 시무룩한 표정을 보니 아침에 저와 이야기하는 과정에서 상처받은 일이 있는 것 같은데 이유를 잘 모르겠어요."
"큰 소리가 나면 많이 무서워하고 낯선 사람을 만나면 제 뒤에 꼭 숨어요. 혹시 우리 아이가 정서적으로 문제가 있는 건 아닐까요? 다른 아이들도 이런 경우가 있나요?"
"은재가 가끔 손가락을 빨기도 하는데 유치원에서 무섭거나 심리적으로 압박받는 일이 있나요?"

부모의 고민은 다양하고, 걱정의 강도 역시 제각각이라 상담을 하다 보면 교사로서 난감할 때가 많다. 그 이유는 유아기에는 발달과 기질의 개인차가 매우 크며, 그에 따라 적절한 교육 방법이나 훈육 방식도 달라질 수 있기 때문이다. 예전에는 가까운 이웃이나 동네 엄마들이 함께 자녀를 돌보고, 친척들과의 자연스러운 교류 속에서 다른 아이의 발달을 직접 눈으로 확인하며 자녀를 키웠다. 하지만 요즘은 맞벌이 가정이 많고, 친척과 시간을 나눌 기회도 줄어들면서 함께 아이를 키우는 공동체적 양육 환경이 많이 사라졌다. 물론 문화센터나 다양한 공간에서 또래 유아나 보호자와 만나는 기회는 여전히 존재하지만, 그 만남은 일시적이고 제한적인 경우가 많아 실질적으로 서로의 양육 경험을 깊이 나누기 어려운 구조다. 게다가 최신 육아 이론, SNS 속 완벽한 아이, 이상적인 육아 전문가, 유아의 모든 행동을 분석해 원인과 해결책을 제시하는 각종 육아 방송 등 정보가 넘쳐나는 시대 속에서 불안감이 커질 수밖에 없는 요즘 부모들이다.

걱정 내려놓기 1단계 : 유아의 일상 공유하기

유치원에서는 1년에 두 번 공식적인 상담 기간이 있다. 3월에 실시하는 학기 초 상담과 2학기 상담 기간이다. 학기 초 상담 기간에는 새로운 학급에 순조롭게 잘 적응했는지와 기본생활습관, 또래 관계 등 유아의 유치원 생활에 대해 평소 관찰한 기록을 바탕으로 상담을 하고 가정과 연계하여 일관성 있게 교육할 수 있도록 정보를 나눈다. 2학기에 실시하는 상담 기간에는 1학기보다 성장한 모습이나 달라진 점을 구체적으로 안내하며 가정에서의 변화 과정도 확인한다. 이렇게 1년에 두 번 하는 상담은 말 그대로 공식적인 상담 기간일 뿐이다. 유치원에서는 보호자가 희망할 때 또는 발달에 관한 특이사항이나 성장 과정, 격려가 필요한 일, 안전에 관한 일 등 가정과 연계할 일이 생길 때면 일상적으로 상담 연락을 한다. 이렇게 상담 연락을 하게 되면 반드시 한 가지 이야기만 나누는 것도 아니다.

만약 안전에 관련된 문제로 전화를 하게 되면 "효창이가 가위를 들고 다니다가 친구와 부딪힐 뻔했어요. 가위를 들고 다닐 때는 뾰족한 부분이 다른 사람에게 닿지 않도록 다시 지도를 했답니다."와 같이 안전 문제를 먼저 이야기한다. 그 후 점심을 먹은 이야기와 같이 일상적인 생활들도 함께 전해준다. "효창이가 바깥놀이를 많이 해서 그런지 점심을 두 번이나 더 먹었어요. 그리고 오늘의 도전 음식인 오이를 스스로 먹어서 친구들이 효창이에게 도전 박수를 보내주었답니다." 등등 보호자가 궁금해하기 전에 유치원에서의 유아의 일상을 객관적인 사실을 바탕으로 편안하게 전달한다.

> "은채 어머니, 오전에 은채가 친구들과 잘 놀았는데 12시경 점심 먹을 때 머리가 아프다고 하더라고요. 열을 재어 보니 36.6도로 정상이긴 한데 상태를 지켜보고 다시 학교종이 앱에 남겨 놓겠습니다."
> "안 그래도 어제 평소보다 늦게 잠들어서 아침에 일어나기 힘들어 했는데 머리가 아프다고 표현하는 것 같아요. 알려주셔서 감사합니다."

많은 유아가 함께 생활하다 보니 또래 간 갈등은 유치원에서 늘 발생할 수 있는 자연스러운 일이다. 유아는 이러한 갈등을 겪으며 문제해결력과 협상력을 키워가고 때로는 자신들만의 방식으로 관계를 조율하기도 한다. 하지만 자기중심성이 강한 유아는 유치원에서의 상황을 자신의 입장에서만 해석해 가정에 전달하는 경우도 있다. 보호자가 속상함을 한 아름 안고 자녀에게 들은 이야기를 바탕으로 상담을 요청하기 전에 1단계를 활용하여 유아의 일상을 먼저 공유하는 것이 좋다.

교사는 평소 유아의 행동과 발달 특성을 관찰하고 그 기록을 일관되게 누적·보관해 두는 것이 중요하다. 이를 토대로 보호자와 유아의 생활을 구체적으로 나누며 신뢰를 쌓을 수 있으며, 일관되고 진솔한 설명은 가정과 유치원이 함께 아이를 이해하고 지도하는 데 큰 도움이 된다. 만약 이러한 사전 공유의 과정이 미흡했다면, 우선 보호자의 이야기를 충분히 듣고 공감하는 것이 먼저다. 무엇보다 보호자를 이해시키기보다는 이해하려는 태도로, 수용적이고 편안한 상담 분위기를 만드는 것이 신뢰를 회복하는 데 가장 좋은 출발점이 된다.

걱정 내려놓기 2단계 : 교사의 경험 공유하기

"우리 아이가 사회성에 문제가 있는 거 아닌가요?"
"친구와의 갈등이 빈번하게 발생하는 것 같아요."

유치원 생활에서 보호자들이 가장 자주 묻고 걱정하는 부분은 단연 '또래 관계'이다.

"혹시 우리 아이가 혼자 노는 건 아닌가요?", "좋아하는 친구는 누군가요?", "친구들과 자주 싸우지는 않나요?"와 같은 질문을 자주 받는다. 그럴 때마다 나는 설명한다. "유아기는 혼자놀이에서 점차 또래와 상호작용하는 협력놀이로 발달해 가는 시기입니다. 그리고 그 과정에서 생기는 갈등은 자연스러운 성장의 일부예요. 중요한 건 갈등이 생기느냐가 아니라, 갈등 상황에서 어떻게 대처하고 조율해 나가는지를 배워가는 과정이에요." 이처럼 보호자에게 유아 발달의 특성을 안내하며 안심시킨다.

나는 보호자 상담 시 내 아이의 이야기를 종종 들려주곤 한다. 특히 사회성이 천천히 발달한 첫째 아이의 이야기는 부모들에게 효과적으로 작용했다. 첫째는 친구들보다는 혼자 책 읽기를 좋아하는 아이였다. 사람과 어울리는 것을 좋아하는 남편과 나에게는 그런 아이의 모습이 낯설고 어렵게 느껴졌다. 유아 교사로서 정작 내 아이의 문제로 마주하니 마음이 쉽게 따라가지 않았다. 아이가 초등학교에 진학하고 중학생이 되면서 나는 비로소 천천히 발달하는 사회성도, 책을 좋아하는 성향도 아이만의 기질과 강점임을 깊이 이해하게 되었다. 그러한 기질은 다른 영역에서 뛰어난 역량으로 드러나기도 한다는 것을 경험을 통해 알게 되었다. 반면, 친구 따라 강남까지 갈 기세로 또래 관계를 즐기는 둘째 아이의 이야기는 다른 유형의 자녀를 둔 보호자에게 또 다른 공감과 위로가 되었다.

부모가 불안한 시선으로 아이를 바라보면 아이들은 기가 막히게 알아챈다. 사랑과 정성으로 키우되 독립적으로 생활할 수 있도록 약간의 거리를 내어주는 것도 중요하다. 걱정보다 자녀를 믿어주시라. 그리고 교사와 신뢰를 쌓고 서로 믿는 것이 중요하다. 믿는 만큼 자라는 것이 아이이고 바라지 않아야 바라는 대로 크는 것이 내 아이이다.

걱정 내려놓기 3단계 : 유아의 놀이 공유하기

1~2단계가 잘 이루어지고 있다면, 이제는 유아의 놀이를 시각적으로 공유하는 방법도 고려해 볼 수 있다. 단샘유치원에서는 '캔바'나 '미리캔버스' 같은 디자인 툴을 활용해 놀이 이야기를 자유롭게 기록하고 있다. 이러한 기록은 원장선생님이나 원감선생님의 결재용이 아니라 교사들이 자발적으로 자신의 놀이 기록 차원에서 작성하는 것이다. 정해진 분량이나 횟수의 제한 없이 놀이가 마무리되거나 새로운 흐름으로 전환될 때 자연스럽게 작성하고 저장한다. 가끔은 부모에게 놀이 이야기를 공유하기도 한다. 단순한 말보다 글과 사진, 혹은 영상으로 생생하게 전달되면 부모의 반응도 더욱 긍정적이다. 아이들이 단지 노는 것이 아니라 놀면서 배우고 자란다는 사실에 보호자들은 안심하고 더 큰 신뢰를 보내준다.

REAL놀이기록(R)

꿈다락반(5세, 21명)

놀이명: 꿈항공에 오신 것을 환영합니다.

2024. 5. 14.(화)~5. 31.(금)

여권이 있어야 비행기를
탈 수 있답니다.
여권을 준비하세요!

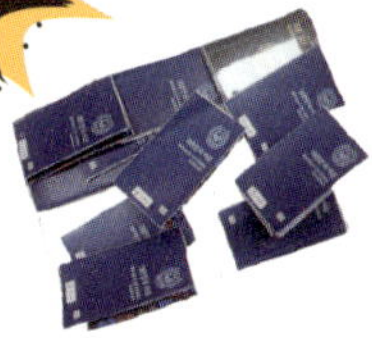

꿈님이들과 학교종이앱에 올라온주말지낸 이야기로 자신들의 경험을 이야기 나누다가 비행기를 타고 베트남을 다녀온 친구가 자신의 이야기를 발표하게 되었다. 사진을 보며 꿈님이들은 너도나도 비행기를 타본 경험을 이야기하였다. 그 과정에서 비행기라는 교통기관에 관심이 생기는 것이 관찰되어 비행기 놀이가 시작되었다.

"비행기 출발합니다. 얼른 타세요."

놀이가 시작되자 꿈님이들은 우리가 만든 여권을 가지고 비행기에 탑승하기 바빴다. 한창 몰입하며 놀이하는 꿈님이들을 보니 이튿날도 그 다음날도 놀이 패턴이 그대로 유지되는 모습을 볼 수 있었다. 어떻게 하면 놀이가 확장될 수 있을까 고민하던 중 꿈 항공 학원을 차리면 어떨까 서로 의논하여 비행기 탑승 전 꿈 항공 학원 놀이를 하게 되었다.

선생님: "스튜어트, 스튜어디스가 되려면 어떻게 해야 할까?"

꿈님이들: "꿈 항공의 스튜어트, 스튜디어스가 되려면 체력 훈련을 해야 되요."

먼저 불이 났을 때 낮은 보폭으로 기어서 손님들을 안내하는 훈련! 비행기가 추락했을 때 낙하산을 타고 뛰어 내리는 훈련 등이 있어요.

〈단샘유치원에서 쓰는 놀이 이야기〉

REAL놀이기록(R)

꿈다락반(5세, 21명)

꿈항공 학원에서 훈련을 마친 꿈님이들은 스튜어디스의 멘트, 스튜어트가 하는 일 등을 영상으로 보면서 익히게 되었다. 꿈님이들의 비행기 놀이가 점점 풍부해지고 더욱 적극적으로 서로 상호작용하는 모습을 볼수 있었다.

"여권의 사진과 얼굴을 확인합니다. 손님! 눈을 뜨고 웃어보세요."

여권 신분 확인하기

보안 검색대 만들기

"블록을 이용하여 검색대를 만들어요."

보안 검색대에서는 폭발물이나 기내 반입 물건이 없는지 몸을 수색하였다. 장난꾸러기 꿈님이는 보안봉으로 친구를 수색하면서 '삐' 소리가 울리게 해서 서로 쳐다보며 깔깔 웃기도 하였다.

보안 검색대 만들기, 수하물 체크, 스튜어디스 스카프, 기내식까지 놀이의 디테일이 살아나면서 놀이 속 이야기가 풍부해지고 있었다.
비행기 놀이가 확장되니 꿈님이들은 다양한 자료 지원을 요청하였다.

수하물 확인하기

"수하물 확인하는 곳에 움직이는 밸트가 있었으면 좋겠어요."

친구의 경험을 통해 시작된 단순한 비행기 놀이에서 선생님과 꿈님이가 서로 의논하며 놀이를 이어가며 다양한 지원을 요청하였고 교사는 유아의 지원요청을 적극적으로 수용함으로써 역할놀이가 더욱 풍부해지고 역할이 디테일 해짐에 따라 각자 맡은 역할에 따른 대사나 멘트도 생기고 의사소통이 활발해지는 것을 관찰할 수 있었다. 놀이에서 교사의 언어적 지원은 놀이 안에 배움을 이끄는 매우 중요한 방법이라는 것을 다시 한번 깨닫게 되었다.

(유치원) 2019 개정 누리과정		(초등학교) 2022 개정 교육과정	
연계 영역	내용범주>내용	연계 교과	영역>성취기준
의사소통	듣기와 말하기>말이나 이야기를 관심 있게 듣는다.	슬기로운 생활	우리는 어디서 살아갈까> [2슬02-04] 궁금한 세계를 다양한 매체로 탐색한다.

〈단샘유치원에서 쓰는 놀이 이야기〉

2장 우당퉁탕에서 찬란하게, 함께 자란 우리들

우리는 단샘유치원을 놀면서 배우는 유치원이라고 설명한다. '놀면서 배우는 유치원'이 존재하려면 무엇보다 놀면서 배우는 유치원을 만드는 '사람들'이 필요하다. 처음부터 모든 게 순탄했다면 좋았겠지만, 사실 우리의 시작은 그렇지 않았다.

시작은 우당퉁탕

신규 교사 절반, 경력 교사 절반. 교사들 간 나이 차이는 무려 서른 살이 넘었다. 그야말로 경력과 세대가 부딪히는 대충돌 속에서 유치원의 기초를 세워야 했기에 여러모로 사건이 많았다.

물놀이와 바자회가 열렸던 첫해의 7월은 너무나도 고단했다. 실무 경험이 없었던 신규 교사는 창의적인 업무보다는 힘을 주로 사용하는 행사 준비로 배정이 되었다. 물이 가득한 수영장 2개를 끙끙거리며 비웠다. 3명이 달라붙어 밀어도 움직이지도 않던 수영장을 어떻게 치웠는지. 퍼내고, 밀어내고 온갖 방법으로 비워내길 3일째. 땀은 비 오듯 쏟아졌다. 마지막 날에는 수영장을 다 치워내고 바람까지 뺀 후 널어놓고 강당에 바자회를 위한 물품 세팅까지 해야 했다. 점심시간을 훌쩍 넘긴 시간까지 땀을 흘리며 마무리했던 기억이 난다. 경력 교사는 행사의 점검 및 행사를 뒷받침하는 각종 제작을 담당했다. 신규 교사가 풀어놓은 바자회 물품을 다시 손봤고, 가격표부터 간판까지 제작했다. 점검하며 빠진 것들은 다급히 제작하여 붙였다.

지금 회상해 보면 첫해의 우리는 모든 역량이 발휘하지 못한, 그야말로 우당퉁탕 유치원이었다.

우당퉁탕을 넘어서다

유치원의 환경이 조금씩 정비되고, 모두가 유치원에 대한 적응은 끝난 두 번째 해. 우리 사이에는 대화가 많아졌다. 놀 궁리를 하며 수업을 계기로 시작했던 대화는 서로 모르는 것을 묻고 상대의 장점을 격려하는 대화로도 이어졌다. 그러다 보니 자연스럽게 서로에 대해 잘 이해할 수 있게 되었다.

영화를 만드는 선생님은 유아들과 함께 이야기하며 통통 튀는 시나리오를 만들었다. 영화 제작 과정에 대해 들으며 신선한 아이디어와 진행력이 뛰어나다는 것을 알게 되었다. 영화관 놀이를 하며 영화표 자동 예매 시스템을 만들 것이라고 태블릿PC와 직접 만든 영화표로 씨름하는 선생님을 보면서 끈기가 있는 사람이며, 미리캔버스를 잘 다루는 사람이라는 것을 알게 되었다. 수업 이야기를 나누며 고민을 나누는 후배 교사에게 조언을 하는 모습을 보며 선배 선생님이 꼼꼼하고 분석력이 좋은 사람임을 알 수 있었다. 우리의 곁에는 새로운 것을 접할 때마다 두려움보다 열린 마음으로 배우려는 교사, 업무 분장에 없는 일도 스스로 찾아 열심히 해내는 교사, 업무와 놀이 지원을 하루도 허투루 넘기지 않고 알차게 계획하여 꾸준히 실천하는 교사가 있음을 알게 되었다. 풍부한 경험에서 우러나오는 선배 교사의 지혜는 후배 교사에게 깨달음이 되었고, 후배 교사의 신선한 아이디어는 선배 교사에게 새로운 시각을 열어주는 기회가 되었다.

대화를 통해 서로의 강점을 알게 된 우리의 유치원은 조금씩 변화해 갔다. 각자의 역량을 고려하여 업무를 배정받았고, 효율이 올라갔다. 교육 행사의 각종 자리 배치는 서로 협의하며 전반적인 그림을 함께 공유한 뒤 진행하게 되어 시행착오가 줄어들었다. 행사의 전체 흐름에 대해 손발을 맞추는 경험들이 쌓여갔다. 시간이 흐르며 누적된 경험들 덕분에 이제는 업무를 예상하여 척척 진행하는 자동화 협력 현장을 단샘유치원에서 보는 것이 흔한 일이 되었다. "선생님 저 밖에도~"라는 말을 꺼내자마자 무슨 말을 하는지 딱 알아챈다. "지금 하고 있어요. 곧 달게요."라고 말한다. 디자인 하나로 끊임없이 의견을 주고받던 것도 예전 일이다. "깔끔하면서 몽환적인 느낌으로 알아서 만들어 줘요." 한마디면 서로의 마음에 드는 디자인을 찾을 수 있다. 마치 상대방의 생각을 들여다본 것처럼 말이다. 서로를 이해하며 시행착오를 줄인 우리는 이제는 말 없이도 호흡을 맞추는 것이 어렵지 않은 사이가 되었다.

다 함께 만드는 놀면서 배우는 유치원

이렇게 호흡을 맞출 수 있었던 것은 서로의 마음속에 언제나 놀 궁리를 한다는 공통점이 있었기 때문이다. 놀면서 배우는 유치원을 위해 끊임없이 놀 궁리를 하는 '우리'라는 단어에 교사만 해당하는 것이 아니다.

'어떻게 하면 유아들이 더 몰입감 있게 놀 수 있을까?', '큰 배경을 붙여주면 더 실감 날까?', '천장에서부터 바다를 펼쳐놓으면 아이들이 놀이에 더 흠뻑 빠지지 않을까?' 다양한 아이디어들이 퐁퐁 솟아났다. 아무리 다양한 아이디어를 떠올리더라도 현실에 구현할 수 없다면 그 놀이는 그저 그런 놀이가 되고 만다. 그런 점에서 우리 유치원은 특별하다.

플로터로 현수막을 인쇄하는 과정을 바라보다 문득 '어? 배경을 플로터로 뽑는다면?'이라는 생각이 머리를 스친 때였다. "놀이할 때 이런 배경도 플로터로 뽑을 수 있어요?"라는 물음에 교무실무사님은 기꺼이 미소 지으며 답했다. "파일만 주세요. 뽑아드릴게요." 교무실무사님께서 도와주신 덕분에 우리 반 유아들은 실감 나는 기차놀이를 할 수 있었다. 천장에 간판도 달고, 잠자리도 달고, 도르래도 다는 나를 발견하신 주무관님은 끙끙거리는 나를 보고 "혼자 하지 말고 말을 해요~ 같이 하면 수월하잖아요."라고 말씀하시며 도와주셨다.

처음에는 한 분이었다. 그러다 시간이 흐르며 한 분, 두 분… 점점 더 많은 교직원분께서 놀이를 위해 손을 보태 주었다. 혼자 할 때보다 더 큰 규모로 더욱 실감 나게 놀이할 수 있었다. 작은 관심과 손길들이 모여 교사는 더욱 놀이 지원에 집중할 수 있었고, 우리의 놀이는 한층 더 멋지게 피어났다.

그렇게 같이하는 사람들이 늘어날수록 우리는 '놀면서 배우는 유치원'이 되어갔다.

서로의 놀이터가 되어준 우리, 함께여서 더 빛났다

5년이라는 시간 동안 자란 것은 유아만이 아니었다. 서로 너무 달라 부딪히기도 했던 우리는 그 차이를 나누고 이해하며 시야를 넓혀 갔다. 업무와 놀이의 노하우를 공유하기도 했고, 때로는 깊이 있는 고찰을 함께 하며 진지한 토의도 이어갔다. 새로운 세대와 소통하는 방법을 익혔고, 수업과 업무 능력도 함께 성장했다.

우리는 누구에게나 열려 있는 놀이터처럼 각자의 '놀 궁리'를 마음껏 나누었다. 그리고 동료 교사의 '놀 궁리' 속으로 흠뻑 빠져들기도 했다. 만약 우리가 서로를 경쟁자로 여겼다면, 혹은 혼자만 잘해보려는 문화가 유치원 깊숙히 자리 잡았다면 지금과 같은 성장은 불가능했을 것이다. 경계와 경쟁 대신 함께 고민하고 즐겁게 놀이 사례를 공유했기에 우리는 서로의 든든한 동반자가 될 수 있었다. 그렇게 서로의 '놀 궁리' 속에서 함께 자랐다.

혼자가 아니라 함께였기에 더욱 빛났던 우리, 이제 헤어짐을 앞두고 있지만, 어디에서든 각자의 자리에서 또 잘해낼 것이다. 현장에서 아이들의 목소리에 귀 기울이고, 교육공동체와 협력하며 쌓아온 경험은 언제나 우리를 지탱하는 힘이 될 것이다. 우리가 함께했던 시간은 마음 깊이 남아 더 단단하고 빛나는 교사로 성장하게 하는 밑거름이 될 것이다. 항상 놀이에 진심으로 최선을 다하는 단샘 선생님들, 그리고 모든 선생님의 성장을 진심으로 응원한다.

| 에필로그 |

교실에서 아이들의 놀이를 보면 무한한 배움과 성장의 가능성을 느낀다. 교사의 지원에 따라 유아의 놀이는 시시각각 변화한다. 이를 보고 있노라면 놀이 지원을 열심히 할 수밖에 없다. 단샘유치원 교사들은 저마다 개성이 강하고 통통 튀지만 단 하나, 유아와 놀이에 진심이라는 공통점이 있다. 이러한 공통분모 하나로 5년을 함께한 교사들이 헤어지기 전에 그간의 놀이과정을 담은 책을 만들고 싶었다. 다른 점도 많고 처음 만났기에 어색하기 그지없었던 첫해가 엊그제 같은데, 이젠 거리낌 없이 서로가 서로를 찾는다. 달랐던 부분을 이해로 채우자 서로의 다름은 나의 부족함을 채워주는 가치가 되었고, 더 멀리 더 높이 날 수 있는 원동력이 되었다.

이 이야기를 통해 누군가에게 도움이 될 수 있다면 더할 나위 없이 좋으리라는 소망을 가져본다. 여기저기 놀 궁리를 하며 고민하는 교사, 학부모, 아이들에게 이 책이 작은 도움이 될 수 있기를 바라며 4명의 교사는 오늘도 사랑하는 아이들과 신나게 놀 궁리를 하며 각자의 교실로 향한다.

또한 이 책을 빌어 언제나 우리를 믿어주고 전폭적인 지원을 아끼지 않는 서금란 원장선생님, 최정남 원감선생님, 이혜정 교무실무사님, 박형진 행정실장님, 이동은, 김보현, 임우택 주무관님, 김의숙 선생님, 우리의 맏언니 권명숙, 황미경 선생님, 재간둥이 이민경, 김선영 선생님, 센스만점 이나은, 이다빈 선생님, 늘 열과 성을 다하시는 이지혜, 김도영, 권경미 선생님, 양은경 실무사님, 아이들의 건강과 영양을 책임지는 류미영, 박현정 선생님, 박금숙 조리사님, 최복주, 정은영, 박선희 조리원님께 감사를 전한다.

마지막으로 늘 놀 궁리에 빠져서 바쁜 우리를 따뜻이 보듬어준 가족들에게 진심으로 감사와 고마움을 전한다.

참/고/문/헌

교육부(2019). 「2019 개정 누리과정」 해설서.

교육부·전국 17개 시·도 교육청(2024). 이음교육 2024 5세 이음교육 교원 역량 강화 연수.

경기도교육청(2024). 유아의 균형 있는 디지털 역량을 기르기 위한 교육 자료.

경상북도교육청(2025). 질문이 넘치는 교실 교사용 길라잡이.

울산광역시교육청(2024). 2024 교실수업 혁신 도움 자료집 질문하는 학교 성찰하는 학생.

환경부(2015). 유엔 지속가능 발전목표 국문본.

저/자/소/개

유소진

유아들이 "선생님은 우리랑 같이 노는 사람"이라고 답한 순간을 맘에 품고 사는 교사
유아들이 문제를 해결하며 성장할 때 짜릿함을 느껴서 놀이 중에는 제일 말썽꾸러기가 되는 교사

- 국립창원대학교 유아교육과 학부 졸업

김혜온

2025년을 지나면 꽉 찬 21년 차가 되는 교사
유아와 함께하는 매 순간 감사를 느끼며(가끔 고통도 느끼지만) 성장하는 교사

- 영남대학교 철학·아동학과 학부 졸업
- 한국교원대학교 교육대학원 유아교육과 석사 졸업
- 저서 및 논문 : 유치원에서의 협력활동 경험이 유아의 놀이성에 미치는 영향

김미경

물음표를 품은 아이들 곁에서 느낌표를 터뜨리는 교사
아이들의 눈빛 하나에 놀이 궁리를 시작하고, 놀다 보면 배우고, 배우다 보면 또 놀게 되는 이 세계에 오래 머물고 싶어, 오늘도 아이들과 진짜 세상을 탐험 중

- 동국대학교 유아교육과 학부 졸업
- 한국교원대학교 교육대학원 유아교육과 재학 중

신민정

아이들의 빛나는 눈을 바라보면 언제나 열정이 샘솟는, 아이들과 함께 성장하는 교사
목표는 세상에서 가장 재미있는 선생님

- 영남대학교 유아교육과 학부 졸업
- 영남대학교 교육대학원 유아교육과 재학 중

현직 유아 교사들이 알려주는 진짜 놀이

놀 궁리만 하는 교사들

| **공저자** | 유소진 · 김혜온 · 김미경 · 신민정

| **1판 1쇄** | 발행 2025년 11월 14일

| **발행인** | 김동훈
| **펴낸곳** | 궁동체

| **주소** | 경기도 고양시 일산동구 호수로 358-39, 동문타워 1차 905호(백석동)
| **전화** | 031)814-3000(대표)
| **팩스** | 031)814-3100
| **홈페이지** | www.compub.co.kr
| **전자우편** | compub@naver.com
| **출판등록** | 2005년 10월 6일
| **등록번호** | 제396-2005-36호

| **ISBN** | 979-11-7554-008-8
정가 18,000원